# 铜镜文化与图案

贾亦显 李婷 著

北京工艺美术出版社

**图书在版编目（CIP）数据**

铜镜文化与图案/贾亦显，李婷著.—北京：北京工艺美术
出版社，2007.6

ISBN 978-7-80526-633-6

Ⅰ.铜...　Ⅱ.①贾...②李...　Ⅲ.古镜－铜镜（考古）－
简介－中国　Ⅳ.K875.2

中国版本图书馆 CIP 数据核字（2006）第 162258 号

责任编辑：孟繁放
封面设计：本社创意中心·张恬
版式设计：奈德·海峰
责任印制：宋朝晖

## 铜镜文化与图案

TONGJING WENHUA YU TU'AN

贾亦显　李婷　著

| | | |
|---|---|---|
| 出版发行 | 北京工艺美术出版社 |
| 地　址 | 北京市东城区和平里七区 16 号 |
| 邮　编 | 100013 |
| 电　话 | （010）84255105（总编室） |
| | （010）64280948（发行部） |
| 传　真 | （010）84255105/64280045 |
| 经　销 | 全国新华书店 |
| 制　版 | 北京宏达恒智印艺有限公司 |
| 印　刷 | 北京泰山兴业印务有限公司 |
| 开　本 | 787 毫米×1092 毫米　1/16 |
| 印　张 | 10 |
| 版　次 | 2007 年 6 月第 1 版 |
| 印　次 | 2007 年 6 月第 1 次印刷 |
| 印　数 | 1～5000 |
| 书　号 | ISBN 978-7-80526-633-6/J·513 |
| 定　价 | 26.00 元 |

# 导　言

　　"鉴之积也无厚，而照有重渊之深。"镜子的发明是对社会生活的一大贡献，镜子的发展进程本身是人类进步的宝贵沉淀。

　　迄今发现青铜器初始期是在距今近5000年的马家窑文化（铜器的历史要更久远一些）。青铜器在我国伴随着原始社会的解体而产生，伴随着奴隶社会的发展而昌盛，伴随着封建社会的诞生走向没落，成为奴隶社会的历史标志，史称青铜器时代。由于青铜硬度不够，石器一直不能完全退出社会生活，尤其是不能从生死攸关的农业和战争中退出，青铜时代其实是金玉合用的时代。随着最后一种改变人类社会进程的材料——铁——的出现，不但结束了人类使用石器的历史，而且也使青铜器走向衰亡，在所有工具和兵器领域青铜器被铁器逐步代替。尽管由于青铜冷涨热缩（铸造器皿花纹特别清晰）的特性，青铜器残存于部分钟鼎器中，但青铜的时代结束了。

　　青铜镜却反其道而行之，从原始社会末期的发明—经奴隶社会的发展—封建社会的昌盛—到资本主义社会初期的结束，青铜镜犹如一条流淌了4000余年历史长河，每一枚铜镜就像一朵浪花，潺潺的流水诉说着社会的往事。

　　铜镜不但记录了自身从形制到材质，从制造工艺到表面处理……发生的变化，而且铜镜尤其是铜镜图案记录了社会的发展，反映了社会生活的各个方面。

　　存世量仅次于铜币的铜镜，因为较之钱币有无与伦比的图案灵活性和广泛性，有更加宽裕的形制和体量变化，成为反映社会、记录历史、推进实用美术进步的载体。从铜镜图案和伴随图案变化的铜镜本身，以及与铜镜密切相关的社会事物中，我们会发现更多。

　　铜镜作为生活必需品当世总量很大；铜镜作为随葬品埋藏了很多；中国人历来认为掘坟为灭族大罪随葬的铜镜在地下沉睡的很多；历代民间与官廷唏于铜镜珍藏传代又留下了很多……铜镜工艺的进步使众多铜镜不易腐蚀、不损坏而图案清晰，但是由于科学的、自然的、社会的因素仍有大量的铜镜从世上消失了。记录、学习、研究铜镜尤其是铜镜图案是中国文化的需要，尤其是中国工艺美术文化的需要。关键是打开铜镜这扇门。

# 目 录

# 第一部分
## 铜镜的发展进程

# 第一章 铜镜的阶段性发展

## 第一节 早期的铜镜

在伊拉克的基什（Kish）遗址发现（约公元前2900年到公元前2700年）的铜镜，是迄今所知世界上最早的铜镜（《古镜》日本京都泉屋博物馆馆长樋口隆康）。

### 一、我国铜镜早于铜鉴出现

成书于战国的《黄帝内经》载"帝既与西王母会于王屋，乃铸大镜十二面，随月用之。"铸造铜镜的人是在黄帝之后给尧做大臣的尹寿。《轩辕黄帝传》中说："帝因铸镜以像之，为十五面，神镜宝镜也。"而普遍的观点则认为那只是传说，根据《战国策·齐策》中的邹忌讽齐威王纳谏的故事，推断铜镜在我国战国时出现，最早也早不过春秋时期。直到20世纪30年代，河南安阳殷墟中出土了铜镜实物，把铜镜的出现提前到了殷商时期。权威的结论是：铜镜的发展是先由陶鉴盛水到青铜鉴盛水或汞，再到青铜空鉴发展为铜镜的过程。可以通俗地说铜镜是铜鉴的儿子。

1975年起陆续在齐家文化遗址中发现的三枚铜镜，如同晴天霹雳，原来铜镜比铜鉴早了至少几百年。人们完全懵了，公

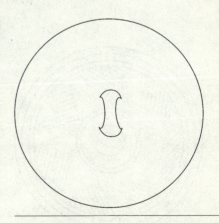

1975年出土的迄今我国发现的第一枚青铜镜。正是这枚铜镜打破了铜镜是由铜鉴演化而来的结论，具有划时代的意义。

认的发展链条被无情地打破了。并且出土文物证明，同期的先民还不具备铸造鉴那样大型青铜器的能力，不能期待发现更早时期的青铜鉴。人们不得不承认铜镜早于铜鉴是事实，有关铜镜发展的结论错了，对铜镜必须重新认识。

在甘肃省广河县齐家坪的一座墓葬中，出土的我国迄今发现最早的铜镜，直径6厘米，背面光素无纹，中心铸有半环状鼻（现藏甘肃省文物考古研究所）。为距今4000余年新石器时代齐家文化遗存。齐家文化分布东起渭河流域及泾水上游，南及白龙江流域，西至湟水流域，北至内蒙古阿拉善左旗附近。有武威皇娘娘台、永靖大何庄、秦魏家，广河齐家坪、岷县杏林等300多处遗址和墓葬。先民以种植粟为主的农业定居生活方式，畜牧业和手工业已达到相当水平。齐家文化遗存中还发现了布纹的痕迹，其细密程度与现代的细麻布类同。齐家文化的陶器从泥质到器皿类型均呈多样化：泥质红陶、夹砂红陶、褐陶和灰陶均有发现；器型以平底器为主，圈足、三足器为辅。制作工艺已广泛采用轮制技术，快轮修整后的胎壁薄而均匀，器型规整，烧制火候控制技艺较高。由石器、陶器等加工进程积累的劳动工具和技能，为青铜镜的发展提供了充分的技术条件。

汇聚了多种民族文化因素的齐家文化，是东、西方文明最早接触的中介，对于西北地区青铜时代的进程，发挥过关键性的作用。发现的同期铜制武器有刀、锥、空首斧、矛、匕等，工具有凿、钻等，装饰品有镯、钏、臂筒、指环、耳环、钗及各种泡饰。

红铜和青铜并存：红铜冶炼和制作技术已趋成熟。青铜多为砷青铜和铅青铜（铜与硅、铅、锡氧化物伴生矿不必加入其他金属，只要熔炼就可直接获得青铜），仍处青铜冶铸的早期阶段。对合金青铜已有初步认识。虽然不再单纯依赖铜的氧化共生矿的还原来取得青铜，但天然青铜在青铜中还占相当大的比例。从制造方式上说，齐家文化青铜器锻制与铸造都已被采用，已学会使用合范，工艺摆脱了原始状态。齐家文化的发现，也改变了以为中国青铜时代没有经过自然青铜时期的错误认识。

齐家文化青铜器中最具代表性的铜镜，把我国铜镜历史提前到了公元前两千多年。出土于青海省贵南尕马台的另一枚齐

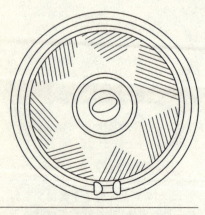

青海省贵南尕马台出土的我国第一面带纹饰的铜镜。

家文化铜镜，置于死者胸部是作为殉葬的墓主生前的日常用品。直径89毫米，厚3毫米，镜背拱鼻已残，镜边缘凿有两个不规则的穿孔。镜背周沿和鼻旁各饰一道凸弦纹，两周同心弦纹间，以填平行斜线三角和空白三角相间的方式，显示出七角星图案，是我国发现的最早的青铜镜纹饰。值得注意的是，这是一枚装有木柄的铜镜，镜缘凿有用以穿绳固定镜柄的两个孔。两孔间有凹形绳痕，在镜旁发现了木质镜柄的残迹。截至目前的认知是我国古代的镜型有鼻无柄，西方古代的镜型是有柄无鼻。我国带柄的铜镜在唐代以后才出现。这是有关铜镜形制的另一道难题，它是否否定了我国铜镜有鼻无柄的结论呢？

在甘肃临夏出土了一枚直径14.6厘米，边厚0.15厘米的重环星纹镜。背鼻圆厚完整，纹饰图案清晰。与尕马台镜相比，两周凸弦纹的距离作了调整，沿边一周凸弦纹内移，形成两个同心纹饰圈，但主题纹饰仍是填平行斜线三角与空白三角相间，构成内圈13角、外圈16角双重星纹图案，线条更加细密、规整。

铜镜没有发明之前，人们是以陶盆或盘盛水映照容貌。"监"字，字体形象即作人俯临器皿察视之状。

监字是一个象形文字，右上部一个卧人代表一个人俯身观看，卧人下的一横代表溶液，下面是一个皿字墩是盛溶液的容器，关键是左上部一个臣字，臣代表什么？权威人士的解释是象形字"臣"像一被缚下跪的人，表示屈服。臣字是象形字不假，但它只是一只睁大的眼睛。用这只眼睛放大代表人的头。就是屈体也不能代表屈服如"护"字，监字只能代表观察仔细同现代的瞄字。所以监字是一个人俯身在盛有溶液的器皿上，睁大了眼睛仔细地看自己。

《毛传》曰："监，所以察形"。用陶器监为什么加金字旁呢？多数学者认为随着青铜的出现，贵族社会以铜为监，用以照容貌的盛水器便加"金"字旁，写作"鉴"，其实不尽然。虽然春秋时出现了青铜器的"监"，但是瓦缶的"鉴"一定会同时存在，并且数量更多，而且比青铜"监"出现得早得多，晚得多的青铜"监"的出现不足以使文字"监"加上"金"字

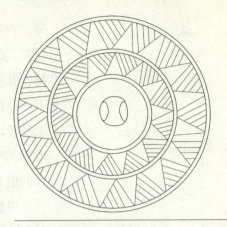

**重环星纹镜·齐家文化**

出土于甘肃临夏，直径14.6厘米，边厚0.15厘米，背鼻完整，图案较清晰。鉴带形成两个同心圈，显然是用轮子加工的子模，但鼻的位置明显偏移了，证明鼻是单制作后安上去的，并且有仿牛鼻的意向。纹饰虽然仍为平行斜线三角与空白三角相间，但构成内圈13角外圈16角双重星纹图案。

监字

作为眼睛的"臣"

瞪着眼睛的"护"字

旁。合理的解释是容器中装的是可以"须发皆见"的金属水银写作"鑑"。《丹青》说"凡朱砂、水银、银朱，原同一物，所以异名者，由精、粗、老、嫩而分也。上好朱砂，出辰、锦与西川者，中即孕汞，然不以升炼，盖光明、箭镞、镜而等砂，其价重于水银三倍……凡朱砂上品者，穴土十余丈乃得之。始见其苗，磊然白石，谓之朱砂床。"挖地三、四米磊然白石，中即含汞不用炼，是亮镜的砂。青铜镜出现后，人们借其鉴容的功能称镜为鉴，已与容器本意无关了。

甲骨文和金文中都没有"镜"字，普遍的说法是约至汉代，鉴字才因音转而被写作了"镜"字。《墨子·非攻·十八》中有"是故子墨子言曰：'古者有语曰：君子不镜于水，而镜于人。镜于水，见面之容；镜于人，则知吉与凶。'"《唐书》所载"太宗谓群臣曰：'夫以铜为镜可以正衣冠，以古为镜可以知兴替，以人为镜可以明得失，朕常保此三镜以防己过，今魏征殂，犹一镜亡矣'"流传甚广，就是引用了墨子所引用的古话。墨子引用的古人的话中提到了"镜"字，镜字必然比墨子早得多，也就是说至少在春秋以前就已经有"镜"字了。人们照镜子与井中观像相像，以井字替代镜字，故而产生了"钘"字，又演化为"镜"更讲得通，而不是到了汉代才由鉴字音转为"镜"字。甲骨文中有没有"镜"字也就不重要了，就如同甲骨文里也没有"鉴"字一样。

为什么有了铜镜还会出现青铜鉴呢。合理的解释是当时铜镜还不如直接用水银照得清楚。随着青铜冶铸业的发展，亮镜工艺不断改进，铜镜逐渐普及成了人们生活的必需品。

齐家文化与马家窑文化所处的范围是基本重合的同一地区，铜镜晚于马家窑文化青铜器出土。中间有无其他环节尚待考证，我国铜镜出现在青铜发展的早期，早于铜鉴出现已成为不争的事实。所以陶鉴——青铜镜——陶、青铜鉴、青铜镜并存——青铜镜——青铜、玻璃镜并存——玻璃镜，才是镜子发展的链条。

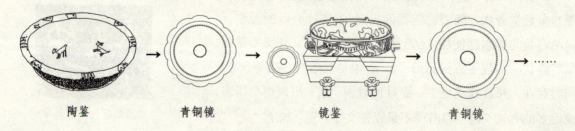

陶鉴　　　　　青铜镜　　　　　镜鉴　　　　　青铜镜

### 二、殷商时期的铜镜

青铜萌生于现甘肃、青海和内蒙古交界的区域。

与殷商同期的青海省湟源县大华中庄卡约文化墓地发现的公元前1500年的11座墓葬中出土了34面铜镜，集中随葬这么多铜镜，远远超过了死者日常生活的需要，显然它们并非是单纯地作为鉴容的铜镜，随葬铜镜是史前北方民族宗教最重要的一种道具。但在已挖掘的数千座殷墓中，只在两座墓中发现了5枚铜镜，都是圆形，镜面近平或微凹，较薄，背面中心有一拱起的弓形鼻。镜背的纹饰有三种：叶脉纹镜（2枚）、多圈凹弦纹镜（2枚）、平行线镜（1枚）。

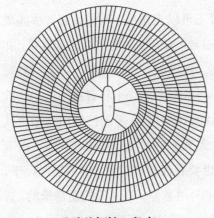

凸弦纹铜镜·殷商

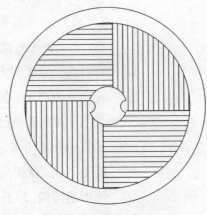

平行纹铜镜·殷商

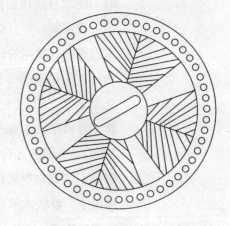

**叶脉纹铜镜（两枚）·殷商**
河南安阳小屯妇好墓出土，拱形鼻四组叶脉纹，弦纹间饰若干个小乳丁。

**鸟兽镜·西周**

我国迄今为止发现的第一枚非几何纹铜镜。

### 三、西周铜镜

西周时期的铜镜共发现了16枚，都为圆形，镜面平或微凹，镜身较薄，镜鼻有橄榄形、弓形、半环形、长方形等多种。其中素镜14枚、重环镜1枚、鸟兽镜1枚，直径较小在6-8厘米之间，西周晚期的镜缘有凸起、凹下或微卷的变化，除美观外主要是增加铜镜强度的需要。

### 四、早期铜镜对平面几何的探索

自从产生了铜镜，历代铜镜设计者们在这个"圆饼"上画图制样至少做了四千余年。

墨子曰："天下从事者不可以无法仪，无法仪而其事能成者无有也。虽至士之为将相者，皆有法，虽至百工从事者，亦皆有法。百工为方以矩，为圆以规，直以绳，正（水平）以县（悬）。无巧工不巧工，皆以此五者为法。巧者能中之，不巧者虽不能中，放依以从事，犹逾己。故百工从事，皆有法所度。"墨子把制图的用具从工具中分离出来，尊为仪器。干什么事不可以没有方法和仪器，没有就干不成。就是从事匠人的工作，也要有仪器和方法。做方形用尺子，圆形用圆规，取直时用绳吊线，找平时用悬垂。不论巧的还是笨的，皆以这五种为法。第五就是仪器的用法：等边、等腰、平分、取中……的画法。无论是巧的还是笨的都不例外，巧的五种方法能综合运用，笨的不能综合运用但依照死规矩放大或缩小也比自己琢磨强。

有了规、矩、绳……所谓的仪以外，剩下的就是人们随着生产技术的进步，对圆的认识和随着人们对圆的认识，对生产技术进步的推动。首先是圆的等分：把一个圆等分成2、4、8、16……并不难，等分成3、6、12、24……也容易，但是5、7、11、13、17、19……等分就不容易了。然而这些难分的等分又是躲不开的，中国的历法19年闰7个月，中国的五行说，十全说，二十八宿……解决不了素数等分，就解决不了素数整数倍等分的问题，我们的先民在这个小圆饼子上苦苦地探求，春秋以前在镜背上没有留下几何方法等分的痕迹，采用的是摸索的方式，在镜坯缘上用规划痕凑出难以等分的份数，在一些铜镜上就留下了不等分的痕迹。需要的是用什么方法一次等分出来。

在椭圆的几何画法被总结出来以前，先民们用绳画椭圆，以两个圆心距离决定椭圆的长短轴，还是摸索。用什么方法画出理想长短轴的椭圆来。需要与解决问题的办法是同时产生的。解决铜镜图形和图案中的等分，圆的相切、相割、连接、相贯，矩形在圆中的取中，直线与弧的关系方法的需求，从来没有像铜镜出现以后，这样集中，这样频繁，这样迫切。铜镜的设计、制作不但为我国古代几何的发展做出了贡献，而且经过上千年的生产与实验形成了一科专门的学问——平面几何。

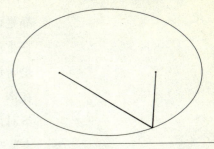

古代椭圆的画法，椭圆不只是一种美丽的图形，它的轨迹是既远离中心又向中心靠拢的矛盾运动。这种在每一点上都在变化中心距的图形，我们的先民仅靠一条绳索就解决了这么复杂的问题。

# 第二节　铜镜从春秋到唐的辉煌

## 一、铜镜各部位的名称

1.鉴缘是铜镜的边缘。早期铜镜是平缘，边缘易破损。从商代开始为增加铜镜强度、在边缘形式上产生了卷边立墙和宽平边两种，这种做法为以后的造币和纪念章等所广泛采用。在边缘图案上则有多种变化，成为圆形花边图案的重要组成部分。

2.外圈是铜镜最大的装饰面积。

3.鉴带是中央和外圈的界线，起变分的作用，如中央四等分外圈变八等分。除此以外鉴带常常作为铭带使用。也有利用多条鉴带，把镜背分为多圈或没有鉴带，中央与外圈浑然一体的铜镜。

4.鉴鼻是铜镜中央穿绳用有孔的钮。之所以叫鼻是由先民穿鼻绳驯化野牛的方法，牛鼻的派生。把穿绳用的小孔称为鼻，如针鼻儿、扣鼻儿、裤鼻儿等。有钮形、桥形、牛鼻形等多种。也有无鼻的铜镜。

5.鼻座是鼻与镜背的过渡，有圆形、方形和花形多种，也有无鼻座的铜镜。

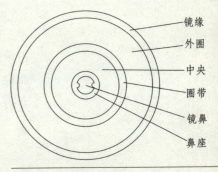

镜缘
外圈
中央
圈带
镜鼻
鼻座

铜镜各部位的名称

## 二、铜镜的标准化

由于秦统一前各国度量衡不统一，这种现象必然要反映在铜镜上，铜镜的大小、薄厚进而重量也种类纷杂。铜镜作为以铜为基质的日用品是可以以镜充值的。随着秦朝的建立，铜镜也走向了标准化。尤其在重量上与铜钱存在一定的勾稽关系（由于铜镜的重量、尺寸不但与是时钱币的勾稽关系以外，而且还隐含着部分传统文化的暗语，所以在本书的传世铜镜图注中采用了某些旧度衡制，便于读者横向应用）。秦对计量的贡献，在汉朝被系统地总结和更广泛地应用。《汉书·律历志》"审度、嘉量、权衡"各章载是时度：引、丈、尺、寸、分；1引=10丈=100尺=1000寸=10000分。量：斛、斗、升、合、龠；1斛=10斗=100升=1000合=2000龠。衡：石、钧、斤、两、铢；1石=4钧，1钧=30斤，1斤=16两，1两=24铢。其尺约合现23—24厘米之间。升约合现200毫升。斤约合现在220克左右。

度量衡的统一使铜镜在更大范围内进行交流，使各作坊铜镜模范的互换成为可能，为铜镜的量产提供了先机。从此铜镜走上了真正意义上的工艺美术的道路。

### 三、铜镜的表面处理

锡青铜的本色为黄白色，铸镜表面呈银色光亮的称为"水银沁"。古董商的行话叫水银包浆，是指铜镜表面呈白亮状态。唐陆德明《经典释文〈庄子·天下篇〉》"鉴以鉴影，而鉴亦有影，两鉴相鉴，其影无穷。"说明铜镜反射成像的清晰度是非常高的。水银沁铜镜在地下埋藏一、两千年非但不锈蚀且光可鉴人，被历代研究者所关注。

在反映这一现象的记载文献中，相比之下西汉刘安主持编撰的《淮南子》所载"明镜之始下型，蒙然未见形容，及其粉以玄锡，摩以白旃，鬓眉微毫，可得而察"是最科学的。白旃即白色毛毡，关键的问题是"粉以玄锡"，"玄锡"是什么？玄是黑色，而黑色的锡并不存在。后继的研究者苦思冥想，被汞的银亮所迷惑，得出了错误的结论，一说是汞银，一说是汞锡。

明代宋应星《天工开物》载："开面成光，则水银附体而成，非铜有光明如许也。"铸镜磨光再加上水银，才使镜面白亮的。认为是火镀（即汞银合剂涂于铜镜后加温，汞受热气化，银在铜镜表面形成一层银镀膜），然而这样形成的镀银光亮镜面极易氧化发黑。

清代郑复光《镜镜诒痴》中："铜色本黄，杂锡则青。青近白，故宜于镜。磨镜药亦汞锡为之。"提出镜面是靠锡汞剂使之变为青白色的。

上海博物馆和上海材料研究所合作组成的研究小组,对东汉"水银沁"铜镜残片做出检测结论:水银沁镜面富集锡,含锡量高达60%以上,比镜体(含锡量约为24-26%)高出一倍多;含有比镜体低得多的铜和铅,含有镜体没有的铝、钙、钾的氧化物等。水银沁镜面的富锡层只有几十微米(μ);在富锡层的表面还有一层微晶态的、致密的二氧化锡透明薄膜。锡在空气中逐渐氧化,表面会生成膜,它的耐蚀性能十分优良,保护了内部金属不受腐蚀。这层薄膜只要不受破坏,就可保护铜镜镜体不受腐蚀。这也就是所谓的"水银沁"铜镜,历千年而不锈的原因。几经筛选,最终配制成功含有锡、铝、钙、钾等元素,由复合物质组成的药粉。"玄锡"磨镜药只要使用过一次,就会由浅的灰白色变为深的灰黑色,加入少许新粉,仍可以重复使用。"玄锡"即磨镜药,"水银沁"并不含水银。中国国家博物馆的藏画《磨镜图》,描绘了磨镜的场景:一磨镜人身旁有数只瓶罐,双手握有一纤维状织物,用力在镜面上摩擦。围观者中有一年轻妇人,用已磨成的铜镜照面,镜内容颜清晰可辨。瓶罐内即为磨镜药,手握之物即毡团。

中国国家博物馆藏画《磨镜图》

经试验用磨镜药,处理现代工业用黄铜,只需用磨镜药略加擦拭,颜色即由黄变白,表面转变为高锡青铜,使得黄铜表面的耐腐蚀性和装饰性获得显著改善,处理工艺极为简便,并不需现代金属表面处理的复杂工艺和设备。我们并不比古人聪明,中国古代奇特的金属表面处理技术,有可能在现代金属的表面处理工艺中获得新生。

铜镜的另一种表面呈黑亮状称为"黑漆古",俗称水银青、水银古。

"黑漆古"现象在春秋时的其他青铜器上就有发现,表面黑亮或如漆器般乌黑发亮。黑漆古铜镜发现于较晚的战国至唐的时间段上。黑漆古铜镜尽管呈黑色但经两千余年仍可以鉴容。黑色表面能经得起除了硝酸和氢氟酸的混合液之外的所有试剂的侵蚀。从1926年至今全世界对黑漆古的研究从未停止过。黑漆古铜镜表面有一层透明的、非金属的、非晶态的硅酸盐类物质;表面下有一种含铁和硅的化合物。由于这种化合物与青铜α相同晶型并且同体积,所以整面铜镜处处致密坚实。这层富锡贫铜并含铁和硅的过渡层,颜色多数是黑的;从表面到过渡层，再从过渡层到铜镜本体，逐渐过渡没有明显的分界。迄今为止尚无人能复制出来，"黑漆古"仍然是一个谜。

## 四、铜镜的养护成为职业

铜镜用后要擦拭干净，装入镜奁。使用一段时间，镜面发乌、磨伤要进行打磨"镀"亮。磨镜成为一门手艺，一般磨刀匠也兼营磨镜，手里抖动着数块长15厘米、宽8厘米串在一起的铁片，叫作"惊闺"（《事物原始》）。

唐裴铏所撰"聂隐娘者，唐贞元中魏博大将聂锋之女也。"后为女侠"忽值磨镜少年及门，女曰：'此人可与我为夫。'白父，又不敢不从，遂嫁之。其夫但能淬镜，余无他能。"（《聂隐娘》）将军的女婿别的不会，只会淬镜。四川彭山县亭子坡南宋丞相之子虞公著夫妇合葬墓中，曾出土一块细泥灰陶质圆形磨镜砖，直径26厘米，厚3厘米，磨面光滑平整。出土时磨面残留有少许黑色粉末和金属成分，背面有磨缘墙留下的三条方向相同的弧形斜面棱槽。可见铜镜养护在当时是一个高尚的职业。

## 五、铜镜生产的工艺美术化

制作铜镜先刻制泥模俗称"子"，再用模翻制容腔范俗称"皮"，经烧制形成陶范，合范浇铸。早期的铜镜是在成熟的制陶工艺的基础上起步的，所以用快轮车制回旋体的模很容易，但在模上形成图纹，俗称落地，就很难了。早期的图纹全部是刻线形成的，凸线的图纹是直接刻范形成的。这样只能铸造一次，对制作者要求非常高，按现在的说法是艺术家。随着对几何画法琢磨的深入和工艺的完善，铸镜成为一种行业，一种生产出来的"艺术"。把最高难的技艺用在刀刃上，尽可能地缩小艺术雕模的面积，最大化应用接地、翻制、拼模、组缘……手段。在生产过程中逐渐积淀，形成一批可以拼攒出各种各样形制的镜模，再在模上进行有限的创作，从而使铜镜呈现出无限的工艺美术创作空间。

### 1. 等分刻度盘

为了制图和雕刻的简便，把事先等分好的坯型在铸镜场所留存备

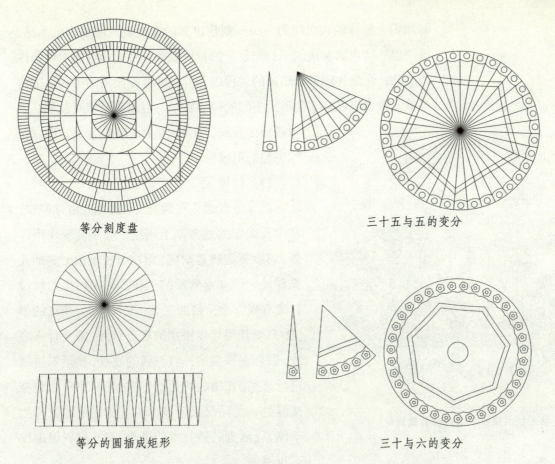

等分刻度盘　　　　　　　　　　三十五与五的变分

等分的圆插成矩形　　　　　　　　三十与六的变分

用，可以任意地拼成任意等分意或拼装成一个整圆。用2和20以内的素数3、5、7、11、13、17和19的倍数等分圆制成分模型板。如：用3的倍数把一个整圆分成81份，可以拼成3、9、27、81和近似的16等分的铜镜图案。在这一序列中，只需制作一个81等分的型模板。这样只需8套型模板就可以了，一旦遇到超过20的素数等分，因为不常用只好利用几何画法进行分割了。在拼接过程中，等分得越多组合的方式就越多。162等分的型板比81等分的型板，就多出几倍的创作可能。这种多等分的做法，最终使得一个圆转化为一个长方形，而这个长方形的周长恰好等于周长加直径，面积等于半个周长乘以半径。正是这种生产的实践与需求，使东汉的数学家刘徽创造了伟大的径周比，就是后来被称作圆周率的π。

### 2. 模子磕子

在铜镜制模的过程中，整体制作需要非常高超的技艺，深厚的几何知识，整体的构思能力………制作出来的铜镜就只能成为艺术品。模子碴子（也简称模碴子）把复杂的铜镜制模，变成简单的无创作性的劳动。在制作泥模和蜡模的过程中，有很多重复使用的单元，把这些单元做成可以独立使用的下凹的模子碴子，用泥或蜡填实刮平，就可以碴出底纹、鉴圈、鉴缘和图纹单元，用以制作完整的铜镜模子。

由21块地纹拼接成羽状底纹的战国镜

（1）接地儿

地儿分素地儿和锦地儿，锦地儿俗称底纹。在没有图案的地方刻上底纹，除了装饰作用以外，可以掩盖铸造缺陷。但在每枚子模上刻地儿无疑是一件非常繁琐的工作。先民们把图纹设计成有规律地重复的二方、三方、四方连续的形式。只刻几组可以拼接的局部单元，需要什么底纹，就翻制拼接成一枚整镜的底纹，然后对拼缝进行修整。在拼缝不严的早期，用花草鸟虫遮在接缝处，至西汉接缝技术的进步已使地纹浑然一体了。随着铸造技术的进步，到东汉铜镜地纹逐步消失。

上图是在新石器时器马家窑文化马厂型的彩陶上发现的飞字纹饰，用两只上下扇动的翅膀象征飞翔。

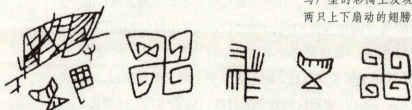

图中表现一只从远处飞来的鸟，被用小网赶进捕鸟网的情景。连续用了各种卍表示飞翔的样式。商代王族认为自己是鸟的后代，对"卍"飞字特别推崇，鸟纹一定也受到人们的喜爱，但绘画起来要困难得多，于是几何形的"卍"作为飞鸟的替身大行其道。经过五千余年的演化，看似复杂的卍纹被归结为一种简单的线条的复制，并且发展成众多图纹的基础。

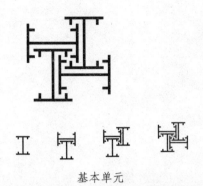

基本单元 地纹块

拼成整块地纹

**万字不到头纹**

**千秋万代纹**

**雷纹**

也叫云雷纹,由万字纹演变而成,鸟飞翔在云雷之间,以此为基础演变出了多种几何图纹。

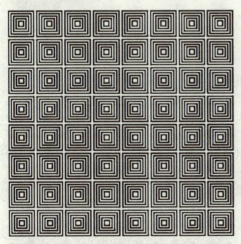

**回字纹**

封建社会最高等级的图纹,仅限于御用。分为长方、正方,两套、三套、五套、九套数种。

**乳丁纹**

由雷纹演变而成。排成单行可作为镜圈、镜缘装饰,排成方阵则成为底纹。

**谷丁纹**

由雷纹演变而成,与乳丁纹类似,不过谷丁较乳丁小得多,排列也略有不同。反映的是农耕与气候的联系,多用于底纹。

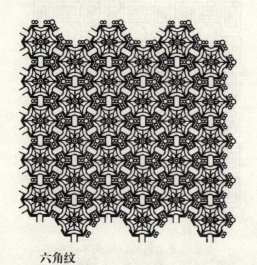

六角纹

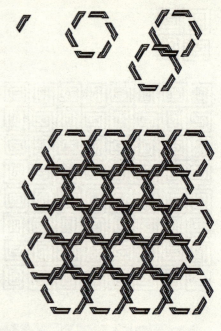

六合纹

本名蜂房纹，因东西南北天地的六合在平面上不易表现，原六合纹改叫锁子纹，蜂房纹因有六边取其吉意叫作六合纹。在其中可添加花卉图案。

矢量水纹

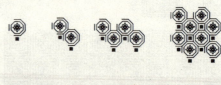

套四方

俗称灯笼纹。

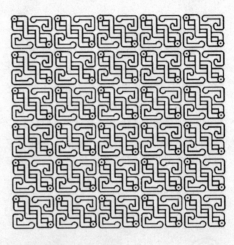

**漩涡纹**

又叫迴子纹，图形近似水涡，可用作底纹，也单独使用作为装饰。

**蟠虺纹**

以蜷曲缠绕的小蛇形象构成的图纹，周代多用，是古代图腾之一（蚩尤）。可以用镜缘、圈带，也可以用作底纹。

（2）拼隔

在一枚铜镜上相对中心分割成环状区域中央、外圈和镜缘，也有把外圈再分割成内圈、中圈和外圈的。在各区域间以鉴带作为隔档。鉴带有多种形式变化，为了在制作子模时方便，各镜坊制作大小不一的可以拼接组合的鉴带局部叫作拼隔。同样的拼隔由于码放数量、方向不同可以形成不同的鉴带。这种方法在目前的装饰和工艺美术行业仍被广泛使用。

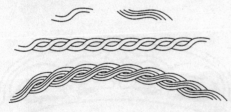

**绳纹**

最古老的纹饰之一，旧石器晚期先民在制作泥坯时，用缠绕着绳索的工具在坯上拍出纹饰，以示与其他制坯者区别，所留下的痕迹称为"陶拍"，是印章、印刷、符号、图纹的渊源。绳纹多用于镜缘、镜圈装饰，代表联系牢固，用作赠友。

**鸟纹**

铜镜镜缘和镜圈的主要纹饰之一。鸟有长尾或上卷、或下垂，鸟头或前视、或回首，冠或上翘、或下垂的变化。

### 饕餮纹

饕餮是贪婪的化身，象征地表现古代一种有口无身贪吃的凶恶猛兽的面目。多用于食酒器，警戒人们要吃喝有度。在铜镜上应用有更广泛的戒贪含义。在殷商时期作为主题纹饰，后地位退为装饰纹，饕餮纹发生了各种变形，并加入了其他形物成分，失去了饕餮自身的含义成为青铜图纹的代名词。在铜镜中一般作为镜缘纹饰使用。

### 鳞纹

形如动物的鳞片上下重叠。始用于陶器，是先民动物崇拜的留存，"雕题（纹面）以类鳞虫"的习俗，衍生到器物上。用于铜镜则多以底纹形式出现，围绕镜鼻叠次展开。

### 云雷纹

由万字纹演变而成的，以连续的回旋线构成的图形。图中为方形的连续称为雷纹，也有变形为圆形的连续称为云纹。多用于铜镜的缘饰。

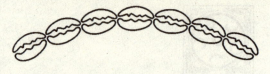

### 贝纹

形状如贝壳，在铜镜中组成圆或方形作为圈带使用。贝壳在原始社会末期曾作为一般等价物，起到了促进商品交换的作用。商朝曾以铜贝作为货币，铜镜中的贝纹是早期商品交换的艺术化反映。

### 龙纹

周代铜镜中多有出现，为四脚蛇形象，有同向和对头龙的区别，用在镜缘或圈带部位。龙纹作为主纹，在下面多衬以云雷纹作为衬纹，有神龙在天的寓意。衬纹与主纹相遇，往往采取变形避让的方式解决，既增加了图纹的变化又使主次分明，这种看似图纹的变化，实质上是当时奴隶社会主卑关系的反映。

### 兔纹

以卧兔回首形构成。兔为药神作为纹饰并不多见。先民有忌讳生病的习俗，只有生病时才拜药神，另有生肖兔为早期图腾，不是自然的兔形。

## 蝉纹

蝉在远古是极有寓意的鸣虫，在极端恶劣的自然条件下，人类的繁衍关系到种族的生存。蝉代表多产，蝉与禅形代表谦和，蝉在地下生活数年，古人认为蝉有再生之能。所以有冠蝉、握蝉、坠蝉、含蝉等饰品，自然也就有了风行于商周的蝉纹。蝉纹往往作为镜缘的饰纹，有时也作为主纹使用。

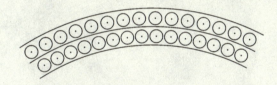

## 圈带纹

圆饼状纹样中间有一凸起圆点排列成弧形。一般作为镜缘饰纹，少数用于圈带上。

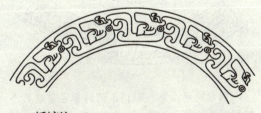

## 蟠螭纹

表现传说中的一种没有角，张口卷尾，蜷曲的龙。在作为缘和圈带装饰纹时，基本单元不是独立存在而是首尾相接，要找出二方连续的接口，用模磕子磕出基本单元后再把各个单元相接，把接口修平顺。

## 窃曲纹

两端回勾或"S"形的纹饰构成的连续图纹。中间常填以目形纹、谷丁纹，用于镜缘装饰。

## 四瓣花纹

由柿蒂纹演化而成，中心是方形的丁，可用于镜鼻四周，也可用作镜缘和圈带。

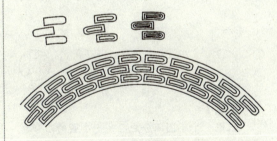

## 重环纹

由一侧为圆，一侧为方的环组成的带纹。多用于镜缘纹饰，有方圆之间的含义。

## 雷波纹

由雷纹底纹拆分而成，可以作矩形带，也可作圆形带。与最高等级的回纹不同。

**蟠虺纹**

用作镜缘、圈带的形式。

**环带纹**

又称波浪纹，在环带纹的凹处常补以眉、口、目、谷、乳等丁纹。上图填的乳叶丁纹也是常见的丁纹。在铜镜中用于缘或镜背主题纹。这种在连续的图纹的空当处补填独立图纹的方法，叫做补丁。为了区别补丁的转义补衣服的布，在纹中补丁的做法，又叫做填丁、插丁、加丁等。

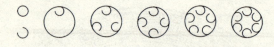

**旋纹丁**

截取一个小圆四分之三，把小圆的四分之三弧放在一个大圆的切线位置，以大圆的圆心为半径，按不同等分度数复制弧线，就可以构成不同的旋纹丁。

**环形银蛇丁**

先画一个正在吐信的蛇头纹，再在两个圆组成的环形内，以环形中心为半径，按不同的

等分数复制蛇头纹，就形成环形银蛇丁。有时复制得等分过多使基本纹交叉，基本纹不易辨别后人以为是一种新的纹路，其实是古人制作过程中的疏忽所致。在几千年图纹演变中，这种疏忽是经常发生的，不过也形成了一大批因错误而产生的美丽图纹。

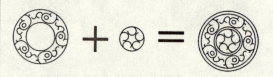

**复合丁**

用两种或两种以上的基本丁组合而成的新丁纹。如把旋纹丁与环形银蛇丁复合，构成银蛇绕旋丁。

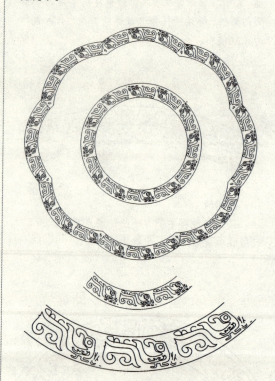

以相同的曲率，而以不同的半径复制数个相同内容的单元，使之构成或相割、或圆顺、甚至不相交，再用其他几何图纹过渡，而形成整体的圈带或外缘。如鸟纹弧形单元，在大于弧形半径进行相割的复制，获得的是葵花形外缘图形，在等于弧形半径的情况下进行圆顺的复制则获得圆形的圈带。

　　按不同的曲率制作数个相同内容的可复制单元,就像不同齿数相同模数的齿轮一样,可以拼接成不同直径的圈带、外缘。如图用蟠螭纹拼成的数十种缘、带图形。

（3）组缘

铜镜的形制以圆为主，以方形、菱形为辅，还有扇形、葫芦形、瓶形、桃形……异形镜作为补充。其中菱形镜的变化在铜镜的形制变化中，最有代表性地反映了工艺美术与生活的相辅相成的关系。

菱形镜外缘是菱角形。按等分复制出4、5、6、7、8……个菱形组成镜缘，再把菱形与菱形相交的地方处理圆滑，一个个菱形镜就诞生了。

菱形镜形制的美丽使之大为流行，世人曾经把铜镜称为菱花、铜菱……然而菱形镜的缺点马上就暴露出来了，由于五等分的菱花镜就有五个尖、八等分的就有八个尖……往往会磨损衣物。于是产生了半

形如菱角的基本图形

相对中心进行复制得到不同等分的相割的基本图形，对相割的角进行修整形成各种菱花形制的镜型。

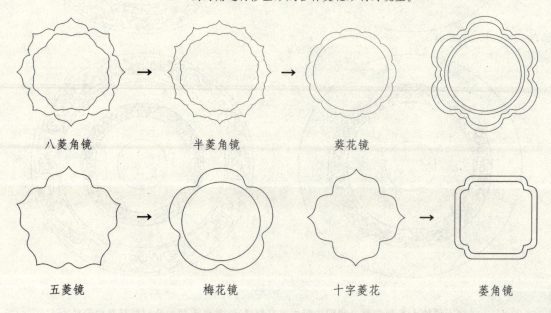

八菱角镜　　　　　半菱角镜　　　　　葵花镜

五菱镜　　　　　梅花镜　　　　　十字菱花　　　　　菱角镜

对菱花镜进行菱角处理获得半菱镜、葵花镜、梅花镜和菱角镜（因误读倭角镜，以误就误，俗称窝角镜）。

菱镜，使尖锐的阳角不那么尖，以至于把尖完全取消，古称菱锐、菱角，由于别字有人写成委角、倭角。进而产生了葵花镜、梅花镜……体现了工艺美术对生活的适应。

（4）攒花

把一些常用的花卉、鸟兽、山水……图案制成模磕子，磕出相应的拼件来，用以掩饰缺陷和作为辅助图案，甚至直接攒出整个铜镜图案。

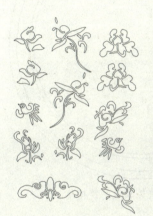  

（5）备鼻

镜鼻有桥形、钮形、弦形、兽形等多种形式，同样制成模磕子。

这样铜镜的底纹、鉴圈、鉴缘、图纹和鼻分别形成了不同的模磕子，版版六十四分门别类地存放在磕档上。在制作泥、蜡镜模时，一一磕出，经过拼活攒出一个整模来。相信我们迄今能够见到的精美绝伦的铜镜中的大部分是出自于"瓮牖绳枢之子，氓隶之人……非有仲尼、墨翟之贤，陶朱、猗顿之富……才能不及中人"的"蠢"人之手。正是这些人创造了光辉灿烂的铜镜历史。

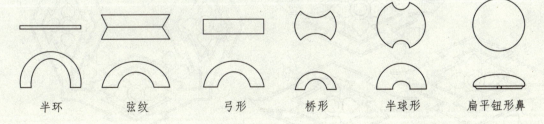

部分镜鼻的形式

### 以战国镜为例

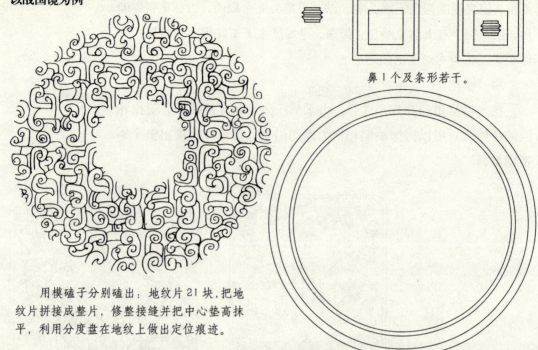

鼻1个及条形若干。

用模磕子分别磕出：地纹片21块，把地纹片拼接成整片，修整接缝并把中心垫高抹平，利用分度盘在地纹上做出定位痕迹。

拼成或直接用快轮车成的镜模缘。

花叶瓣6个，大小圆形各1个。

将条形切拼成倒映塔形框。

把花叶瓣、大小圆形与框组成可复制单元。

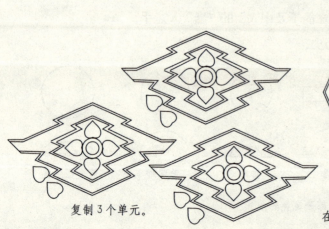

复制3个单元。

在分度盘上拼接主题纹，并把接口抹平。

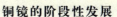

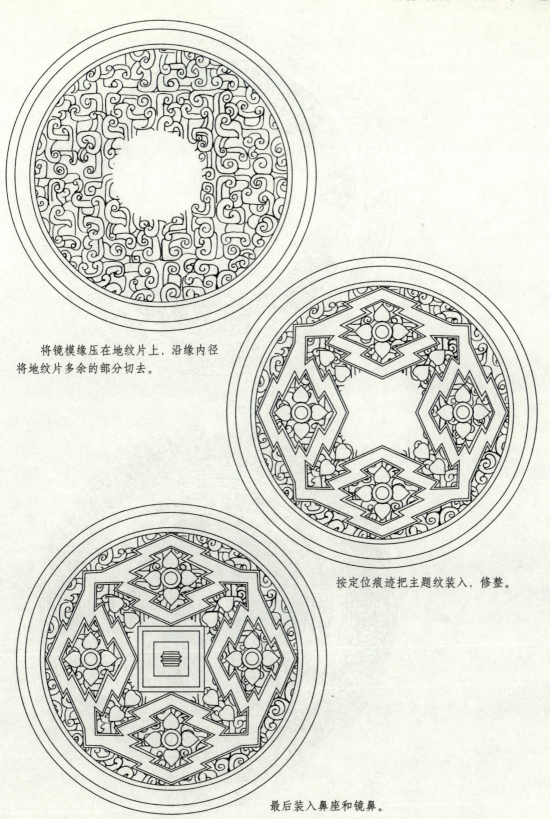

将镜模缘压在地纹片上，沿缘内径
将地纹片多余的部分切去。

按定位痕迹把主题纹装入，修整。

最后装入鼻座和镜鼻。

花卉镜

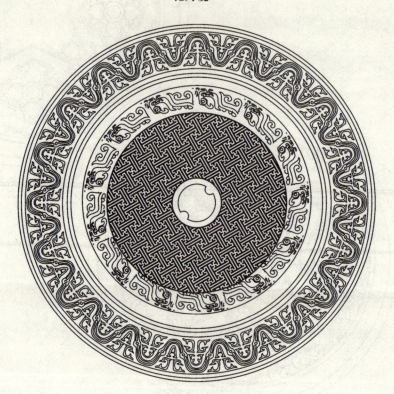

曲波纹镜

水波镜

饕餮镜

六合镜

葵花镜

羽纹镜

蝉纹镜

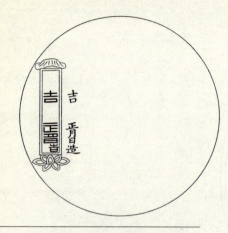

铸有生产日期的汉代云龙镜。

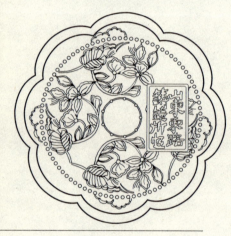

金花草镜，直径12厘米，重量不详。上有"山东东路铸镜所造"字样。

## 六、广告铭文

汉代铜镜发展成一般商品。官方少府下设主管制作御用物品的官员"尚方令一人，六百石。"（《汉书·百官公卿表》、《后汉书·百官志·本注》）所铸铜镜铭文中加铸尚方二字，有别于民间铸镜作坊铸有的纪氏铭的铜镜。尚方铭和纪氏铭尤其是纪氏铭铜镜的出现，成为在商品上标明生产厂家和广告用语的最早产品，是中国商业广告的鼻祖。

## 七、铜镜合金变化

青铜从天然合金到人工合金发展是很迅速的，我国从未发现过殷商以后铸造的天然青铜。

在《考工记》中详细地记载了各种青铜器的合金比例，"钟鼎、斧斤、戈戟、大刃、削杀矢"等器铜锡配方，由于其他青铜器的退出，来不及推敲变化，而铜镜则在四千余年的生产实验中，逐步摸索逐渐移离"金锡各半，谓之鉴燧之齐（剂）"的定论。特别是玄锡出现以后，青铜的配比的重要性有所降低，并且此时人们在合金的认识和实践上已积累了相当丰富的经验，自由到可以在合金中掺杂具有理念性的元素，而不使铜镜质量下降。锡的比例在40%以下。

自箕子作《洪范》五行、五德、五福……五为阳数的居中位置，五行中庸的思想，体现在铜镜材料的配比上。追求五金合炼自汉以后逐步在铸镜业流行。黄色的金、白色的银、赤色的铜、黑色的铁、青色的锡铅作为青铜镜的配比材料。不过五金合炼只是象征性的合金，铜镜还是以铜锡铅合金为主，锡不足40%，银则不足0.5%，金则少得检测不到，铁的含量也在2%以下。时至今日有色、黑色金属种类繁多，但五金的统称却一直延续着。

古代铸镜人一直坚持要找出不必进行表面处理的青铜配方的探索，直到明清才取得本质性的进展。

## 八、透光铜镜

透光是指铜镜背面的纹饰图案能从正面投射到屏幛上的现象。沈括《梦溪笔谈》载："世有透光鉴，鉴背有铭文，凡二十字，字极古，

莫能读。以鉴承日光，则背文及二十字皆透在屋壁上，了了
分明。人有原其理，以谓铸时薄处先冷，唯背文上差厚，后
冷而铜缩多。文虽在背，而鉴面隐然有迹，所以于光中现。予
观之，理诚如是。"清代郑复光《镜镜詅痴》认为镜面切磨"终
有凸凹之迹"，所谓透光是由镜面存在"曲率差异"不平造成
的。早在隋末《古镜记》中就有"承日照之，则背上文画，墨
入影内，纤毫无失。"所以对于铜镜透光现象的描述，并不是
人们普遍认为的是宋代才开始重视的。

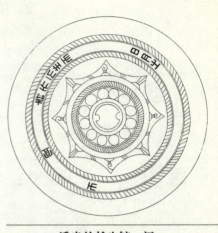

**透光的长生镜·汉**

铸造锡铜合金的铜镜冷却时，背纹薄的地方先冷，厚的
地方后冷，造成应力集中软硬不匀。为了得到硬度均匀的铜
镜，要尽可能地降低冷却的速度，采用热砂埋没和随炉冷却
的方法，使薄厚不同的铜镜能大致一同地冷却。这无疑要增
加制造工序、时间、材料、燃料……最低的要求是随范冷却铜镜才不
至炸裂。尽管随范冷却不致使铜镜破裂，但也产生了存有铸造缺陷的
铜镜。这种缺陷由于后期加工，软的地方打磨得多硬的地方打磨得少，
薄的地方发生弹变加工时凹下，加工后又弹起凸出，而使镜背的凹凸
图纹反映到镜面上。这种凹凸起伏虽然裸视看不出来，而通过承光投
射就能清晰地反映到墙幛上。这种因千年前铸造缺陷造成的所谓透光
结果，充其量不过是化腐朽为神奇的巧合——巧合也神奇。

以为透光镜代表了汉代铜镜铸造最高成就的认识，是不正确的。

### 九、黄金百炼镜

至唐铜镜铸造过程加入了宗教色彩。在当时的铸镜中心之一扬州，
火月火日火时（五月五日午时）江上，铸造经过数十次提纯的"黄金
百炼镜"。镜为金、船为木、江为水、月日时为火、范为土，以合五行
之说。白居易在诗中写道："百炼镜，镕范非常规，日辰处所灵且祇。江
心波上舟中铸，五月五日日午时。琼粉金膏磨莹已，化为一片秋潭水。
镜成将献蓬莱宫，扬州长吏手自封。人间臣妾不合照，背有九五飞天
龙。"铸镜弥漫奢华神秘之风。白诗一转"人人呼为天子镜，我有一言
闻太宗。太宗常以人为镜，鉴古鉴今不鉴容。四海安危居掌内，百王
治乱悬心中。乃知天子别有镜，不是扬州百炼铜。"（《百炼镜－辨皇王

鉴也》）之所以使工艺美术与日用品结合的铜镜，走向了珍精品的迷途，是和当时的统治者的好恶紧密相关的。

**海兽葡萄镜·唐**
为黄金百炼镜的样式。

农历八月初五唐玄宗李隆基生日，《旧唐书》、《唐会典》载"开元十七年（729）八月癸亥，上以降诞日宴百僚于'花萼楼'下，百僚表请以每年八月五日为'千秋节'"。"是日为'千秋节'，著之甲令，布于天下"，"天下诸州咸令宴乐，休假三日"盛况空前。

在首届"千秋节"庆典后，众臣向唐玄宗献各种精美的铜镜。以后每年玄宗在扬州定制铜镜，颁发给四品以上的官员约400人，并命名为"千秋镜"。唐玄宗并作《"千秋节"赐群臣镜》"铸得千秋镜，光生百炼金。分将赐群臣，遇象见清心。台上冰华澈，窗中月影临。更衔长绥带，留意感人深。"诗记事。形成每年大臣向皇帝进献铜镜和皇帝向大臣赏赐铜镜的惯例。传至民间八月初五日形成以镜互赠的习俗，千秋节演化为铜镜节。

742年玄宗年号"开元"改为"天宝"，于天宝元年使江都、六合、高邮三县地设千秋县（现安徽省天长市）。天宝七年（748年）三月乙酉日，皇都大同殿柱生灵芝。玄宗应奏颁昭把"千秋节"改为"天长节"。

755年"安史之乱"玄宗退位，肃宗李亨登基，效法玄宗将自己的生日农历九月三日定为"天平地成节"。是时玄宗的"天长节"与肃宗的"天平地成节"并存。一月之内两个同样内容的节日难以承受，便将两节折中为八月十五日，仍叫"天长节"。

"中秋"八月十五，表示时序《周礼》中就有，为帝王拜月神日。《唐书·太宗记》才有了"八月十五中秋节"的记载。

唐代宗、唐德宗都延续了八月十五过"天长节"的传统。后德宗颁昭禁止进贡铜镜以绝奢侈之风。天长节成为悄然过客，"中秋节"却一直延续至今。

唐初李靖征边得胜，班师还朝时恰逢八月十五，将异域人赠送的烤饼，献给了正在赏月的李渊，李渊脱口赞道"应将圆饼邀蟾蜍"。到了南宋时，饼被做成菱花状，用来祭奉月神始称月饼。从而衍生了延续至今的中秋节吃月饼的习俗。只可惜很少有人提及这原是镜子节了。

# 第三节　铜镜在宋元明清的完善

## 一、图案题材的广泛

上至天文下至地理，务农、做工、经商、打鱼、兵战、娱乐、体育、故事、戏曲等都在铜镜中所有体现，如：蹴鞠、傀儡戏、放风筝等。并且产生了连环叙事镜，用一组铜镜叙述一个故事。

**蹴鞠镜"打二"·宋**

**风筝镜·金**

出土于吉林省怀德菜园子金代遗址。直径19厘米，镜背呈十字分割为4组放风筝图像。人物形象生动，风筝的式样优美别致，空中浮云飘动。以风筝为题材的铜镜仅此一枚，并且是迄今发现最早的一件关于古代风筝形象的实物资料。

**傀儡戏镜·宋**

边长11厘米，厚0.2厘米，重量不详。方镜形制。铜镜日趋商品化，镜背装饰布局更加随意，主题纹饰多为贴近日常生活的游戏玩乐。这枚傀儡戏镜中心布置傀儡戏摊，一童子在帷帐后执木棍提线进行表演。身后坐配音一人，幕前围坐数名儿童观看，坐姿各异。中国国家博物馆藏。

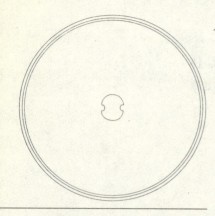

**纯素镜·汉**

边长六寸六分，重二十八两，圆鼻，无铭。现存世的许多素面镜并非是铸造纹饰脱落所致，也不是物不雕饰，而是各工艺镜的镜坯（胎）。

出土于河南洛阳东周铜镜上的错金银狩猎图案。

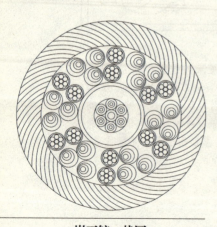

**嵌玉镜·战国**

## 二、铜镜系列化

铜镜渗透到生活的各个领域，不但远远超越了鉴容功用，而且产生了专用于赠答、颂祷、纪事等系列化铜镜。新生、升迁、寿辰、迁居、开业、定情、新婚、从业、纪年……应有尽有。

## 三、钤印

自宋始镜上铸有印记、铸镜作坊、年月、姓名和州县检察官记等开始增多，成为中国商标的雏形，宋代有官办铸镜作坊，民间作坊也不少。因为铜作为辅币的材料，经常发生熔币铸镜的现象，宋代多次颁布诏书限制私铸铜镜，对铜镜生产进行严格管理。元代情况更加严重，不允许民间铸镜并收集民间铜材铸币以利流通。熔币私铸镜进行套现有利可图，铸厚重滥造之镜成风，官方不得已在民用旧镜上加押官印使之与新镜区别。铜镜不但反映了当时这一史实，而且成为古代防伪的见证。

## 四、各种工艺美术技法在铜镜上的应用

历经数千年，各种工艺美术的表现形式，大都在铜镜的制造方面有所体现。

### 1. 金银错纹镜

在铸好的镜坯上以青莲（矿物颜料）勾线，沿线刻下宽上窄的细槽，再将金、银薄片铆嵌入槽内，在铜镜背面形成金银丝纹的装饰。在春秋战国时即已出现。

### 2. 透雕镜

又称夹层透纹镜。即镜面是一较薄的白铜片，镜背是一透雕的青铜片，两片分别铸造，再合为一镜，战国时出现有蟠螭透纹镜、禽兽透纹镜。

### 3. 嵌玉镜

早期一般嵌松石、岫玉等软玉为多，随着琢玉工艺的提高逐渐各种宝玉石均可用于嵌镜，俗称百宝镶。

#### 4. 雕漆镜

雕漆工艺唐朝称为剔红、剔漆。先在铸好的镜坯上髹涂数十层至几百层大漆至与镜缘平,然后在漆面上绘制主题图案及辅助图纹,依案纹雕漆,然后在空地上刻上锦纹。

#### 5. 漆背淬金镜

在台阶式浮雕图案的镜坯上,髹漆到较图案略高,然后打磨至图案与漆平,抛光并在露出的铜面上淬金(汞金镀)。

#### 6. 漆背戗金镜

擦漆数十道阴干,用刘刀在上面刻绘白描图案,用白漆油调金粉戗入图案,抛光形成金线图饰。

#### 7. 松香涂墨镜

图纹间用松香填充磨平,在松香上涂墨,擦出图纹的青白铜色,以黑白的高度反差使图案显得清晰别致。

#### 8. 漆背彩绘镜

素镜背上用大漆调成各色彩漆描绘出各种图饰。

#### 9. 太虚镜

在镜坯上采錾出图案,用刮刀压亮,用素色大漆加松香少许叠层擦涂,积至与镜缘平,形成一层可以看见下面的隐纹透明的墨色厚膜。现在此种工艺材料已经被透明釉和人造水晶树脂所代替。

#### 10. 珐琅镜

元末明初珐琅技术传入中国,用长石、芙蓉石研成细粉掺以少量氧化金属制成各色釉料(俗称蓝料),再经涂蓝烧制形成彩色图案,应用在铜镜上共有三种表现形式:剔錾、掐丝和画珐琅。剔錾珐琅镜是在铸好的镜坯上,用錾切的方法錾出阴刻的图案,再在錾除部分点蓝,经烧制、磨活、抛光、镀金形成金地点锦的效果,可惜的是这种工艺已失传。掐丝珐琅镜在镜坯上绘制图纹线稿,依线用薄铜片围出轮廓,在线间点以各种颜料,经烧磨抛镀形成金线设色的国画效果。目前传世仅两枚,一枚在国外,一枚现藏故宫博物院。掐丝珐琅工艺后发展成一种独立的工艺美术门类——景泰蓝。画珐琅镜则是在铜镜坯上先填以白色釉料,再在白色地上用彩釉绘画并烧制。画珐琅目前还存在,但大部分已为陶瓷工艺所借用。

**掐丝珐琅葡萄纹宫廷御用镜·明**

　　直径44厘米，重9040克，镜体整体铸造，镜面鎏金，镜背的边沿铸接在镜身上，背部以松石绿釉料填地儿，掐丝珐琅装饰葡萄蔓叶纹，缘饰以莲纹，镜背正中云纹鼻采用了焊接工艺。云纹鼻及缘边鎏金，掐丝珐琅工艺在明清两代为宫廷御用，掐丝珐琅铜镜已知存世仅两件，这一件藏于北京故宫博物院，另一件为海外私人收藏。

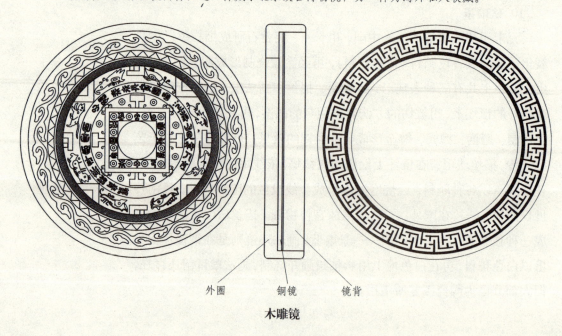

外圈　　铜镜　　镜背

**木雕镜**

**11. 木雕镜**

以木雕法制成镜护套,把铜镜片装入其中,使之不易划伤,从而减少铜镜的修护。与此方法一致的还有象牙镜、骨刻镜、玉镜等。

**12. 刺绣镜**

以外圈至鼻座间大小在绣片上画出区域,在内绣出各类图案并锁边挖裁,在镜坯背上涂大漆晾干约一小时,至漆不黏手时把绣片铺平捶实,这样绣面既不透漆又粘得牢固。

**13. 中空镜**

紫铜板置火中烧红淬水退火,在铜板上画出图案,下面垫松香与石油的胶状混合油,以锤錾反复敲击地子,利用混合油将张力传导到图案区域使图案凸起,然后把做好的镜背通过立墙与镜面焊接起来,形成中空的錾雕铜镜。此种铜镜直径较大重量却较轻便于携带。冲压合焊镜与錾雕镜差不多,不过是利用阴阳合模压出的镜背图案,再与镜面进行合焊。是量产的中空镜。

龙凤呈祥刺绣片·清

**14. 金银平脱镜**

镜子的纹饰是用漆黏金银花饰片构成,适于在直径20厘米以上铜镜。将錾有各种纹饰的金银薄片用漆粘于镜背,再髹漆数十遍,漆完全固化后研磨致漆面与金银片平齐。

**15. 螺钿镜**

螺钿工艺又称"螺甸"、"螺填"、"钿嵌"、"陷蚌"。螺钿镜采用的是裁片螺钿平覆镶嵌法:先在镜背髹漆,粘以裁磨好的螺钿片,再髹漆多遍至与螺钿平,然后整体磨平,露出钿片,并在钿片上刻画细部完成。由于螺钿镜工艺复杂、工期长、价值连城,以至计算价格时,铜镜的价值可以忽略不计,由此产生了著名的俗语"蛤蜊蚌子白送铜"(指购买商品时的饶头)。螺钿镜出土仅花鸟人物镜、盘龙镜共两面(现藏中国国家博物馆一枚),加上传世的螺钿镜也不过十余枚。

**16. 贴金银镜**

指镜背贴以银板或金板,其上刻出各种纹饰,或者在青铜镜背的凸起的纹饰上贴以金银箔的铜镜,由于捶贴的金银片易于脱落,此类镜子传世或出土都极少,相反贴金银箔铜镜则较易存世(见封底)。

除各种工艺美术装饰镜外,金镜、银镜、锡镜、铅镜、铁镜等均有发现。

## 五、铜镜作为文物被系统保护

秦朝在官库中就有铜镜收藏。从宋代开始铜镜被按朝分类,绘集成册记录,实物设库保存。这一作法被清朝沿袭,清乾隆皇帝嗜古,命人修撰宫中收藏专著,其中有关铜镜记载的有《西清古鉴》、《西清续鉴》和《宁寿鉴古》等。分门别类地将汉代以后铜镜的器型、图纹及铭文以白描法绘制,并注以尺寸、重量及简要描述。

对于实物则依照宫中所藏镜子的大小,分为一面一匣和两面或三面一匣制匣收藏。匣长445毫米,宽312毫米,厚51毫米,上下封面用木板做胎,外面裱有米白色二龙戏珠图案的茶褐色织锦,在深褐色的纸腰封上,用墨笔题写"宁寿鉴古"或"西清古鉴"或"西清续鉴"四个大字。甲编或乙编二字略小,偏在右侧,再下则横写着每册的编号。翻开封面,内匣糊天青色云朵纹绫,四周褐色镶边,封二完全依照原镜彩绘匣中铜镜的形状、纹饰和铭文。图上方横贴褐色的纸签,注明尺寸、重量、花纹、铭文字数及简评。

铜镜在匣中镜面朝上,匣体是用薄木板制作的盒子,上下裱成天青色,中间按照铜镜的形状做成圆形、方形、葵花形、菱花形等,比铜镜略小,使铜镜放在里面时不会掉出来。铜镜的上方也贴着褐色的纸签,上面以大字横写着铜镜的时代及名称。

在匣体的四周是层层的页纸,从侧面看就像是一本书,而这些页纸只是一种装饰。匣体的背面依然裱成天青色,中间嵌着一个圆形的由四片扇形的木片拼合而成木盖,像璧一样当中有一个直径25毫米的透孔。上面雕刻着各种雕工精细的吉祥图案花纹。

封三绢面上画着整幅的丹青,大多是山水人物、花卉飞禽之类的题材。除有作者署名外,大多还题有诗句。

用手指抠住圆洞将木托取出,木托的另一面裱着白宣,绘有山水人物、花鸟虫鱼等,构图、用笔较简略;也有的木托背面是书法、尺牍、碑帖的临本,诗文断句不一而足。每幅作品上都题有作者的名字。

木托拿开后,揭起一个黄绫做的软垫,即可看到镜背。把铜镜取出,画在封二上的镜子图形,又恰恰从镂空中显现出来(现藏于北京故宫博物院和台北故宫博物院)。

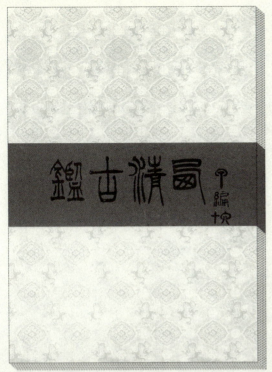

封面

径六寸八十两背作双鱼
游泳之状素边素无臭铭

封二

内匣正面

内匣背面

封三

封底

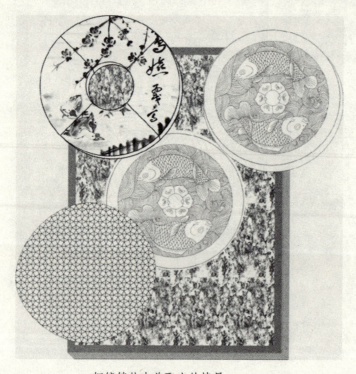

铜镜锦垫木盖取出的情景

铜镜在数千年的时间里，已和中国文化融为一体。在铜镜发展的历程中，无数匠人制造，家家户户存用，围绕着铜镜到底发生过多少故事？围绕铜镜到底还能够发现什么？读者能够发现得更多。

# 第二章　铜镜是中国文化的组成部分

## 第一节　作为重大器的铜镜

### 一、大器铜镜

《西京杂记·卷三》记载刘邦入咸阳查库，见"有方镜广四尺，高五尺九寸，表里有明。人直来照之影则倒见。以手扪心而来。则见肠胃五脏历然无遗。人有疾病在内则掩心而照之，则知病之所在。又女子有邪心，则胆张心动。秦始皇常以照宫人胆张心动者则杀之。"说荆轲刺秦王以后，始皇惧怕，修磁门以防带兵器者近身，利用人们对铜镜的敬畏心理，铸大镜两面皆亮，而且曲面（应为铸造缺陷造成哈哈镜效果）影像变形。说可照肝胆知病变，并能照出不忠之人胆张心动。由此产生过忠心可鉴、明镜高悬、肝胆相照等成语。但是由于大型铜镜的实物，一直没有被发现，所以主流认识以为大镜是文学虚构的产物，"铜镜为小器"。

古籍中关于大型铜镜的记载很多，太康年间，文学家陆机到洛阳，在仁寿殿前看到一座大方铜镜，高5尺余，宽3尺3寸。唐中宗李显，曾着扬州制造方丈大镜，另制嵌金花银叶铜柱一根，置镜于宫苑中，中宗骑马对镜（《古今图书集成·考古典》）。

1980年山东淄博大武公社窝托村南，古墓五号陪葬坑出土一件汉武帝前后的长方形夔龙纹多鼻大铜镜。镜长115.1厘米，宽57.5厘米，背部有五个环形弦纹鼻，两短边又各铸两鼻。每一环鼻下饰柿蒂纹。背饰夔龙卷曲交错纠结图案成为丹陛的素材。

这面大镜的墓主人是二代齐王刘襄。刘邦称帝把长子刘肥封为齐王。刘邦既没，太子刘盈即位，吕后称制。后诸吕作乱，齐出兵诛吕功甚多，刘襄最有资格即位，但众大臣以恐驷钧（刘

矩形龙纹铜镜·汉

襄母舅）凶悍专权为由，剥夺了齐王襄称帝的机会。刘襄仅为齐王，又曾参与了刘濞的七王之乱，但死后竟有如此大镜陪葬，古籍所载不虚，铜镜之中确有煌煌大器。

## 二、重器铜镜

**女史箴图·晋**

晋顾恺之的《女史箴图》中，一人对台镜，其后一人为其梳头。右一人席地持手镜鉴容。画中镜台为落地式，支杆插入镜鼻中，镜台中部还有托盘。人物身旁放置有镜奁等物。曾发现汉代铜镜，其鼻中插一铜质支架，与顾恺之《女史箴图》中的镜台相同。"纯银镜台"、"玳瑁细镂镜台"、"玉镜台"等都有发现。唐以后出现了椅子，桌案也随之增高，在用镜方面的表现是出现了高镜台镜子，用架固定摆放。北方胡人首领石勒宫中有一座配以纯金盘龙雕饰座，直径约三尺的铜镜。隋王世充因为向杨广的（扬州）迷楼进献了一座铜镜屏，被提拔为江都通守。这些都显示了铜镜的重器地位。

## 三、神器铜镜

在铜镜的演化进程中，两种特殊的铜镜方诸和阳燧的出现，反映了我国先民认知自然的智慧和适应世界的能力。《周礼·考工记》郑元注："方鉴阳燧，取水火于日月之器也。"对此注又注"阳燧，形如圆镜，以取明火。阴鉴形如方镜，以取明水。礼神之物备矣。"按注有误，鉴燧不是阴鉴阳燧，而是阳燧与铜镜的合称。王充《论衡》云："阳燧取火于日，方诸引水于月。"《汉旧仪》云："八月饮酎，车驾夕牲，以鉴方诸取水于月，阳燧取火于日。"铜镜成为人们与日月水火神灵联系的媒介。

方诸、阳燧数量不多，又酷似铜镜，所以阳燧一直被误作盖器、铜镜、镜饰物，而方诸则被误认为是方形镜。

### 1. 阳燧

1956年河南三门峡市上村岭发现春秋时虢国太子墓，出土了一面青铜圆形凹面镜，直径7.5厘米。正面为银白色，照物为倒影；背面有鼻，有双虎、双头虺龙和怪鸟组成的图案。它被定义为虢国人用阳光取火的工具—阳燧。此后陕西扶风周原出土了年代最早的西周中期阳燧，直径8.8厘米，厚0.2厘米。曲率半径为20厘米，属标准凹球面镜。陕西扶风庄白、长安张家坡、北京昌平白浮等地相继出土了西周的阳燧。战国的阳燧在绍兴战国墓、吉林市猴石山、河北丰宁、辽宁宁城等地也有发现。山西侯马清理冶铜遗址时发现了晋国阳燧的范模。汉代阳燧和唐宋元明执柄的阳燧均有发现。尽管如此到目前为止也仅发现阳燧十几枚而已。

最迟在周代发明了"阳燧"，即凹面镜。阳燧也称"夫燧"、"天燧"、"神鉴"。《周礼·疏》中说："以其日者太阳之精，取火于日，故名阳燧，取火于木，为木燧者也。"《墨经》把凹面镜的焦点称为中燧。表明周时人们对凹面镜聚焦的特性已有充分认识。《淮南子·天文训》中说："故阳燧见燃而为火。""阳燧以铜为之，形如镜，照物则影倒，向日则生火。"（崔豹《古今注》）宋沈括在《梦溪笔谈》更直白："阳燧面洼，向日照之，光皆向内，离镜一二寸，光聚为一点，大如麻菽，着物则火发，此则腰鼓最细处也。"

中国猿人开始自觉用火，大约在五十余万年前，最初是利用自然火种。《韩非子》："民食果蓏蚌蛤，腥臊恶臭而伤害腹胃，民多疾病。"有火使"炮生为熟，令人无腹疾，有异于禽兽。"与恩格斯《自然辩证法》中评价一致，火"最终把人与动物分开"。

《路史》"燧人是观干象，察辰心（火星）而出火，作钻燧。"是众所周知的燧人氏钻木取火的故事；在钻木取火之后发明了以燧石形成"击石之火"；以后是"阳燧见日则燃而为火。阳燧，金也。日高三四丈，持以向日，燥艾承之寸余，有顷，焦吹之则得火"（《淮南子》）；燧石相击取火；汉以后又发明了以燧石击打合金的火镰，古称戛金之火，一直用到磨擦火柴产生。另备有艾（草本植物）加上硝水制成的火绒，当得到火星掉在绒上阴燃时，再用长18厘米左右，切成片状麻秸芯，一头涂上硫磺的"发烛"引火。杭州人在唐宋年间，改进了发烛，《委巷丛谈》"杭人削松木为小片，其薄如纸，镕硫磺涂其锐。"宋后发烛称"火寸"。《清异录·器

**蛙鼻螭纹阳隧·战国**
直径4.4厘米，重30克。凹面凸背，蛙形鼻，环鼻饰四双身蟠螭。素缘，无铭。故宫博物院藏。

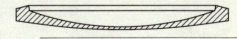

**安徽阳燧镜·宋**
外径7.8厘米，凹面隆缘直径6.85厘米，镜缘部成斜坡状，坡面宽0.55厘米，重量104.6克，刻有平行双阴线三角状粗齿纹17个。隆脊处厚0.45厘米，凹心厚0.18厘米，隆脊平面至凹弧底垂弓深0.41厘米。背微凸，无鼻无纹。凸面能照容，凹面能取火，铜镜与阳燧合为一体。

具》"夜中有急，苦于作灯之缓。有智者批松条，染硫磺，置之待用。一与火遇，得焰穗然，即神之，呼'引火奴'。今遂有贷者，易名火寸"成为一种商品。并且形成了一整套用火模式，《周礼·秋官司寇》载"司烜氏掌以夫燧取明火于日。"西周时期，设有以阳燧取火的官员。民以浸硝艾叶编制的火绳保留火种，家设火塘，外出则带火镰和艾绒。每年农历正月十五以阳燧燃新火祭火神。周原博物馆复原的阳燧，在强日光下仅需三秒即可将放置在焦点处的易燃物引燃。取火方式的多样性和方便化，最终使我国古人与磨擦火柴的发明失之交臂，1827年英国的制药师华尔克制造了磷摩擦火柴，人类告别了原始的取火方式。日本人沿袭了中国古代火寸的叫法把火柴称为"磷寸"。

古人又把火分成有天四、地五、人三阴阳各六共十二个等级。以阳燧取火为最高等级，用于敬神。

在发现的十几枚阳燧中，安徽怀宁宋墓出土的圆形凹凸双面镜最为特殊，是一面鉴容、另一面取火的双功能"阳燧镜"。

阳燧的原理今天被人们应用于太阳灶的制作。

### 2. 方诸

形如方镜，《淮南子》"方诸阴燧，大蛤磨拭令热，以向月，则水生，以铜盘受之，下水数石。"下水数石自然不少，但没有说明用多长时间。据《周礼·考工记》郑元注："年祠祭，皆用阳燧取火，应时得之。阴鉴取水，未有得者，常用井水代之。"（郑注有误应为阴燧）用阳燧取火随取随燃，而阴燧取水就不那么容易了，常用井水替代。因为周人搞错了一件事，方诸取水和月亮关系不大，王充后来说方诸"水来者，气感之验也。"有一定的道理。昼夜温差造成了空气中含水量的变化，而青铜导热比空气快得多，从空气中析出来的水分在方诸上凝结，成为水滴，顺着角向下放置的方诸棱边，沿棱流下，滴入盘中。从气态水变为液态水所散发的热，从方诸上方辐射出去，从而保持了方诸下端的低温状态，使空气中的水分不断地在方诸上凝结—滴落—再凝结直到方诸与气温一致。如果使方诸为令箭形，效果会更好，但也需要相当长的时间积攒。现在仍有不少地方留有取"明水"的承露盘，不过上面少了方诸。

古时人们通过方诸与月亮对话。而现代人利用方诸的原理发展成了蒸馏冷却釜。

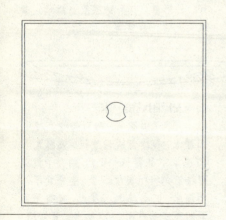

**方诸镜·唐**

边长四寸二分，重十八两，素缘，素鼻，无铭。

# 第二节　铜镜与生活

## 一、铜镜与历法

目前太阳直射点的回归周期为365天5时48分46秒，叫作回归年；地球公转一周的时间为365天6时9分10秒，叫作恒星年。回归年比恒星年短20分24秒。

人类历法初始应该为纪月历，这一点目前没有文物支撑，上古时代人的生产是最为重要的，所以生殖崇拜是原始社会的普遍现象，母系社会女人的月经就成为原始的历，称为经历又叫做阴历。农业兴起以后，农作物的生产成为人们生死存亡的问题，以太阳位置为依据的阳历随着生产的需要应运而生。先民把一年分为24等分来确定太阳的位置，作为指导农时的节气，精度约为半个月，反映气候的变化，节气相重为一个回归年。

目前发现的中国最早的保存在甲骨文中的商（殷）朝历法，叫殷历，是部阴阳合历。月亮绕地球一周为一个朔望月，历时是29.530588天，商朝人以30天定为一个大月，29天为一个小月（一个回归年是365.242216日）。兼顾月亮和太阳的运动周期，把朔望月作为回归年计量子单位的历法，称作阴阳合历。而12个朔望月比一个回归年少10天多。用在19阴阳历年里加7个闰月的方法进行补充。平年12个月354、355天，闰年13个月384、385天。在铜镜的图案中，如实地反映了当时历法的元素。

1271年元朝建立，准备颁行统一历法。以郭守敬为代表的一批科学家花了两年时间，设计制造了13件天文仪器，其中3件—高表及其辅助仪器简仪和仰仪。高表是古代圭表的演变。圭表是最古老的天文仪器相传为周文王创立，由两部分组成：表是一根直立的标杆，圭（相当表盘）是从标杆底端水平地伸向正北方的一条石板。太阳正午，度量表影长度推算节气。仰仪是下凹的半球体，凹面刻与观测地纬度一致的坐标网。上口架一有孔小板，孔的位置在凹球面的中心上方。阳光通过小孔在凹面上成像，由此读出太阳的坐标和观测地的太阳时刻。（北京古观象台、郭守敬纪念馆）根据观测结果，1280年3月，制订了《授时历》。设定

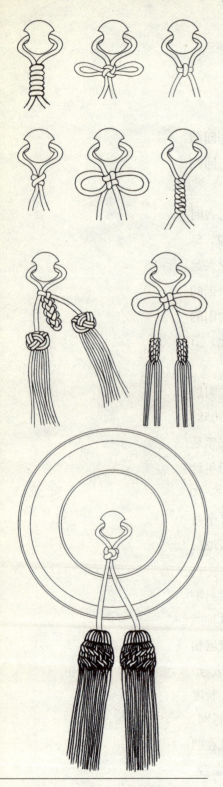

镜鼻上的结穗

一年为365.2425天，合365天5时49分12秒。较现在测定值长26秒，一些国家现在仍在使用。

## 二、铜镜与婚姻

铜镜镀层表面易划伤，划伤后易氧化失去光亮，故多以镜盒装封，盛镜子的盒子叫作奁。西周中期出现了盛放铜镜的长方形漆器是镜奁的前身。后铜镜演化为姑娘出嫁时必备的陪嫁，因此嫁妆也被称为妆奁、嫁奁。

在成婚之日新娘要向铜镜和玉行跪拜大礼，拜镜表示成年了要自己照顾自己，拜玉则仅仅因为玉与育谐音而已。

## 三、铜镜与信物

《太平御览》中有："昔有夫妻将别，破镜各执半以为信。"唐孟棨《本事诗·情感》记载："南朝陈太子舍人徐德言，娶后主妹乐昌公主，时陈政方乱，德言知国破时两人不能相保，因破镜与妻各执半，约他年正月望日卖于都市，冀得相见。及(587)陈亡，妻果没入杨素家。德言依期至京，见有苍头卖半镜，因引至其居，出半镜合之，题诗曰'镜与人俱去，镜归人未归。无复姮娥影，空留明月辉。'乐昌得诗，悲泣不食。素知之，即召德言，还其妻"。在考古挖掘中，经常有破镜发现。由于种种原因造成夫妇分开，打破铜镜一枚，各存一半以期重圆。

## 四、铜镜与其他姊妹艺术

已知的铜镜历史就有四千年以上，在这数千年的发展过程中，其外延必定会与各种文化现象相交，尤其是与其他艺术文化现象相交。它的图纹、浮雕、铭文，它的冶铸、表面处理和工艺流程必然会影响其他姊妹艺术。甚至对一些艺术起了决定性的作用，譬如：中国结。

目前中国结起源于战国时代的说法，被多数人所接受。其实中国结的历史，远比这长得多。古人在生产实践中很早就前便学会了打结，结起源于捆扎的需要。北京山顶洞人文化遗迹中，发现了骨针，由此推断缝纫打结技术在当时已存在。《易·

系辞》中有"上古结绳而治，后世圣人易之以书契，百官以治，万民以察，盖取诸夬。"的推断；郑玄《周易注》："古者无文字，结绳为约，事大，大结其绳；事小，小结其绳。"而这三种用途还不是艺术，即便是用绳串起兽牙、石块作为装饰也不能说是结的艺术。而作为中国铜镜的开山鼻祖背后的镜鼻，明明白白地展示在我们面前的是，人们每天要使用的铜镜后面是串着绳的；这根绳是打着结的。人们最经常接触的，用量最大的，并且是和巧手的妇女每天联系在一起的，是铜镜背后的结。这个结从原始社会就开始了，一直延续了数千年，说由此诞生了中国结艺术才是可信的。

### 五、铜镜与丧葬

以铜镜作为陪葬品的风俗自古有之，铜镜从形制、材质、图纹到表面处理都带有是时的烙印，也成为考古断代的主要依据。汉代有将铜镜放置在棺盖四角和中央的习俗，并把镜鼻破坏掉，以防镇物被"邪"移动。在武汉黄家湾发掘一座明代夫妻墓的过程中，各出土了可以合为一枚完整铜镜的半枚铜镜。民间恩爱夫妻一人先亡，破镜一半随葬，另一人亡时取另一半随葬成为一种民俗。

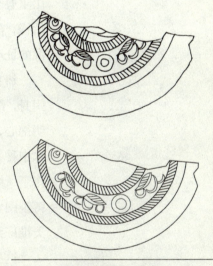

**出土的破镜·南宋**

### 六、铜镜与医疗

阳燧取火除用于敬神祭祀外，还利用凹镜聚集阳光点燃艾炷施灸称为"阳燧灸"，是我国特有的中医施治的手段。

### 七、铜镜与小说

隋末唐初以传说中黄帝所铸的第八枚铜镜为导线，把八个联系并不紧密的鬼怪故事串联在一起，创作了小说《古镜记》。小说中对镜子的描述则为汉代形制五灵镜"镜横径八寸，鼻作麒麟蹲伏之象。绕鼻列四方，龟龙凤虎，依方陈布。四方外又设八卦，卦外置十二辰位而具畜焉。辰畜之外，又置二十四字，周绕轮廓。文体似隶，点画无缺，而非字书所有也。二十四气之象形……举而扣之，清音徐引，竟日方绝。""黄帝铸十五镜。其第一横径一尺五寸，法满月之数也。以其相差，各校一寸。此第八镜也"。关于《古镜记》成书年代、作者，文史界有不同的认识，但普遍认为它是中国第一部传奇小说。中国的第一部传奇小说以铜镜为贯穿全书的引线也是没有疑义的。小说描述了透镜现象，认为透镜现象是宋代才发现的认识是错误的。

铜镜在多种文学形式中频繁出现，尤其是小说，很少能找出一部不提及镜子的小说作品，结缘、鉴容、照妖、驱鬼、镇邪……比比皆是。

### 八、铜镜与诗歌

有关镜子的诗词歌赋俯拾皆是。唐朝诗人温庭筠的《菩萨蛮》"小山重叠金明灭，鬓云欲度香腮雪，懒起画蛾眉，弄妆梳洗迟。照花前后镜，花面交相映。新贴绣罗襦，双双金鹧鸪。"被说成是丝绦堆绣起源的证明，做剪纸的不同意，说是用两面镜子相照应该不成问题。

铸在铜镜上的铭文题镜诗也不少："月样团圆水样清，如将香阁伴闲身，青鸾不用羞孤影，开匣当如见故人。""正其衣冠，尊其瞻视，明明德心，唯我与尔。""不知今夕是何夕，催促阳台近镜台。谁道芙蓉水中种，青铜镜里一枝开。"孟郊把铜镜比作君子，把凡铜比作小人，作了《结交》"铸镜须青铜，青铜易磨拭。结交远小人，小人难姑息。铸镜图鉴微，结交图相依。凡铜不可照，小人多是非。"把对铜镜的赞美推广到了社会生活的品行之中……

这些还不是最重要的，成为格律诗主要形式的七言句，在书籍中未出现前，早在汉代铜镜铭文中就已广泛使用了。用于铜镜的铭文，要上口好记才能流传，七个字是一般人容易记住的最长的句子，八个字就容易落字倒序，铜镜匠人又没有文人那么多规矩，七个字、五个字一凑"尚方御竟大毋伤，巧工刻之成文章，左龙右虎辟不羊，朱鸟玄武顺阴阳，子孙备具居中央，长保二亲乐富昌，寿敝金石如侯王兮。""尚方作竟真大好，上有仙人不知老，渴饮玉泉饥食枣，浮游天下敖四海，寿如金石为国保。""新有善铜出丹阳，和以银锡清且明，左龙右虎主四彭，朱爵玄武顺阴阳。""青盖作镜四夷服，多贺国家人民息，胡虏殄灭天下服，风雨时节五谷熟，长保二亲得天力。"……于是最不严瑾的铜镜铭文，为最工整的骈文、格律诗词和对联的发展做了准备。

## 九、铜镜与书法

《天中记》说，周武王时已有镜铭，尚无事物支持。自汉中期，铜镜上出现铭文。字体随着书法的进步不断丰富，有金文、大篆、小篆、隶书、楷书、章草、宋体等字体。反映了文字和书法的进步，并且成为书体的年代佐证。铜镜铭文的书法，反映的书写的特色为一些后人所推崇，并由此产生了专门模仿镜鉴铭文的书法家。

## 十、铜镜与文字简化

铭文有直铭、交叉十字铭、绕鼻铭和圈带铭四种形式。铭带宽度较窄，长度有限，繁复的字码不下。于是在铭文中，省掉字的偏旁，减少字的笔画，用同音的简单字替代复杂的字，甚至创造更简单的字，无所不用其极。铜镜成了错字、别字、自造字的温床。中国古代读书人少，而带有文字的铜镜却家家户户都有，自家铜镜上的错别字也就被当作正字认下来了。没有人知道数千年来，铜镜对文字简化之多，普及之广，潜移默化地做了多少贡献。

## 十一、铜镜与标点符号

铜镜铭文字数多少不一，有多至80余字的圈铭。多字的铭文头接尾，尾接头，不知起止难以断句。铜镜在句与句之间加"而"、"e"或谷丁纹等符号进行断句。在句子中间加入不同文字的异类符号，对句子的句读进行明示的这种做法，在以后汉语的发展过程中，逐步被发展为标点符号。铜镜铭文断句的做法，开了汉语标点符号的先河。

## 十二、铜镜与宗教

铜镜饰以饕餮纹、怪兽纹，这除了造型装饰意义外，还具有宗教意义。汉代铜镜祈福迎祥的铭文、青龙白虎朱雀玄武四象图形、铸十二地支、六丁六甲……为铜镜增添了道教

清代著名书法家王澍所书《汉尚方镜铭》玉筋篆佳作"尚御镜大毋伤左龙右虎辟不祥朱鸟玄武顺阴阳子孙备具居中央长保二亲乐富昌"。

汉长生镜铭文用"而"为断句标志。

色彩。

"镇宅神以埋石，厌山精而照镜。"（北周《小园赋》）民居门对山、窗对门大不吉，在门窗挂铜镜以破之。在鳞次栉比的城市中，难免门对着窗户，窗户对着山墙，于是买镜（静）求安，几乎家家户户都要挂以避邪，称为压胜镜。直到1949年以后，门窗上挂镜的旧俗才销声匿迹。

河南孟津发现的东汉永元五年（93年）铜镜外包银壳为银壳画像镜，有一周铭文，铸有佛像。是目前见到最早的佛像镜，反映了当时佛教在我国传播的程度。

不仅如此，铜镜还渗透到了宗教的修行方式之中。道教的铸镜法和密宗教的幻观法都以铜镜为中心：先布一坛，正前方放一面大镜，需照全修行者的全身，坛城的对面悬挂本尊法相（即修行者选定的神或佛像）。自己坐在本尊法相下面。对着镜子专注地看镜子中自己表情的喜忧愁悲苦，再专注地看镜子中的本尊。仔细地观想本尊的眉就是自己的眉，本尊的眼就是自己的眼，本尊的脸就是自己的脸，本尊的身体就是自己的身体，意念清晰代换，最后是本尊的意念，就是行者自己的意念。持本尊的心咒，念至心口合一。一日一修或数修，可以做礼拜、皈依、披甲护身、供养，结合本尊手印。把镜子外的自己，跟镜子内的自己，跟本尊三者合一。修法的理念是镜子的本身是幻，镜子内的本尊也是幻，镜子外的自己也是幻。

任何事物都是联系着并且相互作用着的。在数千年的发展历程中，铜镜和与之同行的社会事物共同发展变化，记录了众多事物、促进了众多事物，同时也记录了自己、促进了自己。还可以举出无数例证，阐明铜镜与其他事物的联系，除了以上阐述的十二个方面，读者还能联想更多，发现更多。

约在明朝晚期，欧洲玻璃镜传入我国。玻璃镜表面坚硬耐磨，镀膜在背面并用漆封闭，彻底解决了铜镜需要定期磨镀的养护问题。只是当时玻璃镜子价格昂贵，曹雪芹在《红楼梦》中曾把玻璃镜子与琉璃盏相提并论，玻璃镜子未能取代铜镜，一直到鸦片战争以后，设立通商口岸，外国商品、资本输入加剧，玻璃镜子较铜镜便宜了，才逐步取代了青铜镜。光绪年间（浙江）《乌程县志》记述了最出名

的青铜镜坊最后的命运"薛，名晋侯，字惠公。"称"薛惠公老店，
在府治南宣化坊。近年玻璃镜盛行，薛镜永不复铸矣。"铜镜完成了
它的历史使命，个别铜局子偶尔应订制作少量以婚姻为主的纪念性
铜镜残存至民国。

**掐丝珐琅夔龙纹镜·清**

镜径13.1厘米，厚2厘米。葵花镜形制，
镜背蓝地掐丝夔龙和宝相花图纹，中央突起圆
鼻，装饰太极图。现藏台北故宫博物院。

铜镜被玻璃镜取代后，为了满足人们的怀
旧情绪，采用铜镜风格制造镜背，再在前面镶
嵌玻璃镜，此镜即是采用这样的方法完成的。
它从一个侧面反映了由铜镜向玻璃镜的过渡。
目前在玻璃镜后饰以铜镜风格的做法仍在延续。

刻铜镜是用圆形黄铜厚片手工刻制
而成。背中央有"一手三元"四字铭文，
弦纹环间分别刻三角锯齿纹，是清末民
初之际，铸镜业萎缩后制镜者的怀旧之
作，并无铜镜的使用功能。

# 第三章 铜镜文化与我们 今天的生活

## 第一节 铜镜渗透在我们的生活里

铜镜在我国风风雨雨数千年，它所影射的不是人们的面容，而是千百年来中国社会的发展，是岁月的记录，记载着文化、美术、科学乃至整个社会的进步。铜镜是科学与艺术、艺术与生活的完美统一，是中国传统文化留给我们的宝贵财富，是中国对世界的贡献。铜镜及其图案是中国传统文化精华的浓缩，铜镜艺术是中国工艺美术对中国传统文化的贡献，是中国工艺美术对全世界的贡献，即便是铜镜发展的过程本身也会使我们感到震撼。

从原始社会萌发的人们对生产活动、自然现象等具象的抽象形成的图案，经过演变一部分符号化转变为文字，一部分美术化演变为图纹，成为中国文学艺术体系的两大支撑。这两大体系在铜镜这一历史载体上凝聚的深刻内涵，曾因铜镜本身的辉煌而逊色，载体的辉煌掩盖了文化的深邃，而今铜镜光辉不在，铅华褪尽，铜镜所蕴藏的中国文化内涵，就像水银泻地一样，渗透到当今的社会生活之中……

从生活中抽象出来，具体到铜镜中去，铜镜消失了，又变为抽象的东西渗透溶解在社会生活的各个领域。

### 一、铜镜图案成为各种艺术形式广泛采用的要素

具有中国特色的团形图纹不是起源于铜镜，但在铜镜发育发展的数千年的进程中，极大地完善了团形图纹，把团形图纹发展到了极至。在当前从吃饭的碗、碟、盘、盆，到井盖、窗形、券门、徽章、商标……随处都可以发现隐藏在背后的铜镜痕迹。铜镜的纹饰更是广泛地应用

在纺织、服装、印刷、广告和工艺美术诸多领域。

铜镜艺术是打开中国传统文化特别是图纹文化的一把钥匙,读者通过这把钥匙能发现更多。

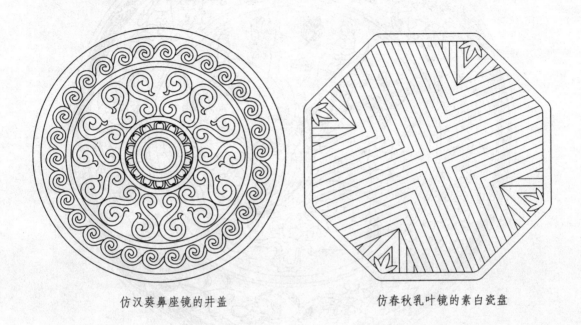

仿汉葵鼻座镜的井盖　　　　　　　　　　仿春秋乳叶镜的素白瓷盘

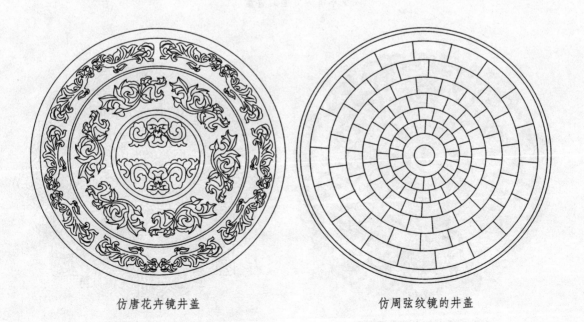

仿唐花卉镜井盖　　　　　　　　　　　仿周弦纹镜的井盖

以花草镜为原型的餐盘

结婚证上的六丁六甲镜纹

人民币图案中的宝相花纹

拙能胜巧,世尊在日,有比丘钝根,无多闻性。佛令诵笤帚二字,旦夕诵之,言笤则已忘帚,言帚又忘笤。可谓拙子,然玉琢成器人学知道终成正果。

后汉杨宝幼时一日昼救黄雀,夜有黄衣童子衔白环四只相报,并佑杨宝子孙四代官至三公。故世人皆信玉镯有福荫子孙之能,为妇人所专宠耶。

玉五常属信。多有以玉为信物者,尤以玉镯赠女子者为甚。古有无玉不成婚,无镯不订亲之说。贫贱忧戚,庸玉女于成也。

北京工艺美术出版社

以方诸为原型设计的镯子盒

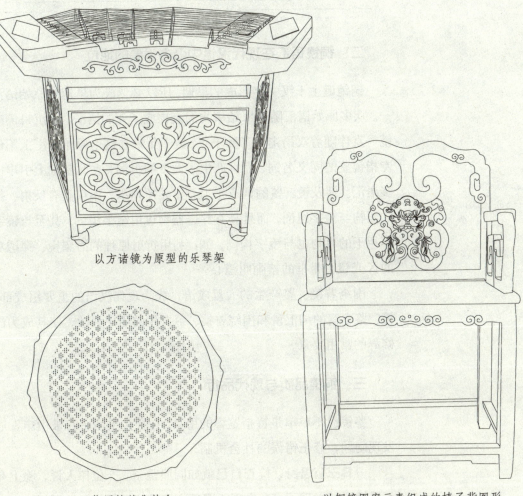

以方诸镜为原型的乐琴架

仿周镜的化妆盒

以铜镜图案元素组成的椅子背图形

以蟠龙镜为原型的影壁心

## 二、铜镜语汇在现代汉语中仍占重要的地位

铜镜诞生于汉文字形成的早期,所以必然成为早期的原始语汇之一。众多原始语汇随着原始事物的衰亡成了死的语汇,在沉舟侧畔铜镜一直伴随着汉语走过了数千年。数千年来在这个原始语汇上不但有专指镜鉴的同义名词,而且产生了大量的组词,在此基础上引申出更多语汇。涉及镜、鉴的词成千上万,无须列举。不仅具有反射、折射的器物与镜字组词,而且具有穿透器物也用镜字组词,甚至与镜字毫不相干的事物也与镜字构词。如:利用折射原理的潜望镜、穿透功能的 X 光镜、带框的裱画叫镜心……

围绕着镜、鉴产生的大量成语,成为现代汉语的重要组成部分。镜、鉴丰富的词汇量和围绕着镜、鉴发生的历史典故,使其成为汉语修辞的常用要素。

## 三、铜镜品质与现代品行

鉴镜已不单单是特指鉴容的用具,在社会生活中它被引申发展为发现问题,修正错误的社会机制。

一日三省吾身,检查自己就如同照镜子。一位伟人说,脸上有灰不照镜子就发现不了,发现不了就去不干净,要常照镜子,这就是自我批评。自己发现不了就要别人帮忙，给你指出来，别人的批评也是一面镜子，这就是批评。

镜子毫发毕见的风格就是当今社会所提倡的讲真话。"物欲遮目如镜之蒙尘"，发现不了自己的缺点；不讲真话也就不能成为别人的一面镜子；不能以人为鉴、不能以史为鉴、以前车之覆为鉴……不知要少多少面镜子。一个和谐社会是离不开这些"镜子"的，这就是理论学习，组织监察和群众监督。

进一步加深对中国传统文化的认知。在更广阔的社会领域，在更深层的境界，铜镜所蕴藏的丰富宝藏一定会大放光芒。

# 第二节　铜镜研究与收藏

## 一、围绕铜镜的是没有穷尽的研究

由于铜镜与中国文化同步发展的数千年的历史，无论铜镜自身，还是沉积在铜镜上的文化印记，使得铜镜成为不可替代的历史的一面镜子。除了专门的铜鉴学以外，在金、考古、文艺、美术……在诸多领域里铜镜都不可能被边缘化。有关透镜、"水银古"都曾被列为国家级的研究项目。并且仍有很多铜镜之迷至今还没有被解开，如黑漆古等。相信随着科学进步，解开的铜镜之迷会越来越多，但发现的迷会更多，这毕竟是数千年无数人从事过的事情。随着时间的推移铜镜本身也在发生着变化，人们也将会创造出新的课题。

## 二、围绕铜镜的是没有穷尽的收藏

世界上没有哪一个民族没有复古的情结，对于像我们这样一个文明古国，又逢和平的年代，是必然要出现收藏热的。中国是文物大国，可收藏的很多，铜镜也是主要的门类之一。有市有价，有需求就有造假，有造假就有辩伪。为了防止辩伪就要造真的，为了把造得真的区分出来，辩伪的手段就要不断地提高……由此收藏、造假、辩伪……共同提高。

研究和收藏共同进步，铜镜中蕴藏的文化宝藏，如涓涓细流使中华文明欣欣向荣。

# 第二部分
## 历代铜镜图案赏析

在我国古代经常采用以物品的尺寸、重量……隐藏一些含义称为隐语。如用24两代表一年二十四节气等。六丁六甲与四值功曹、二十八宿、三十六天将、七十二地煞等所谓护法神将。《重修搜神记》载：元始命玉皇上帝阵诏，喝玄武披发跣足，金甲玄袍，皂纛玄旗，统领丁甲。丁甲之名来源于天干地支，丁神六位：丁卯、丁巳、丁未、丁酉、丁亥、丁丑；甲神六位为：甲子、甲戌、甲申、甲午、甲辰、甲寅。丁神六位支为阴，盖为女神，甲神六位支为阳，盖为男神。《续文献通考》："丁卯等六丁，阴神玉女也。甲子等六甲，阳神玉男也"。《后汉书·梁节王传》记载，汉代方士役使六丁六甲的方法，先行斋醮，然后召六丁神，"可使致远方物，乃知吉凶也"。唐韩愈《调张籍》诗曰："仙官敕六丁，雷电下取将。"张万福《传授三洞经戒法略说》："阴阳翕辟，万二千物具而有神焉。"南宋王契真编《上精灵宝大法》：丁丑延我寿、丁亥拘我魂、丁酉制我魄、丁未却我灾、丁巳度我危、丁卯度我厄；甲子护我身、甲戌保我形、甲申固我命、甲午守我魂、甲辰镇我灵、甲寅育我真。有如此多的数字隐语，所以本书对传世的铜镜采用了旧制计量单位尺、寸、分和两、分、铢；对后出土的铜镜采用了新的计量单位厘米和克。

本书所收录的铜镜图案只是大海里的一滴水，本书的目的是通过这一滴水，反映出大海的全貌，读者能够通过各种途径发现得更多。

軒轅液金作神物德合
乾坤明日月陰陽精氣
此溫鬱萬八千春豈澄
汔丁甲護持騰魑祓中
圓光外綠雲斜射如星重
輪麗天闕四靈五岳卒
難核漢唐俗製氣早燬
其祥應不讓屈軼以燭
賢奸洞心膏
乾隆御題

### 古镜

直径七寸，重三十九两。在镜面上有二寸左右晶莹光亮圆形亮面，四周则青绿色遍布，在青绿色面上刻御题句七十七字，后署乾隆御题，御题下有"会心有远"、"德充符"两方玺印。背为纯素，素鼻，无铭。斑驳古异不是汉唐以下所能仿制，也不能断其年代，所以命名古镜。在对这枚铜镜的描述中，有"按轩辕氏于王屋山铸镜十二面，而《天中记》谓：'舜臣尹寿铸镜，周武王复有镜铭。'则镜之从来远矣。"可供参考。

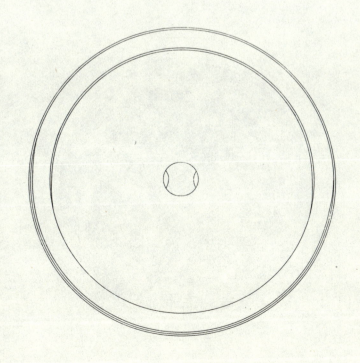

**菱形纹镜·战国**

　　湖北省宜昌前坪出土。直径21.2、边厚0.7厘米。背在羽状纹的细线地上饰菱形纹，四菱格内各有一四出叶纹，方座四角出重叶纹，方座弦鼻，无铭。为战国时期最富有装饰性的铜镜。

**菱纹铜镜·战国**

　　直径21.2，边厚0.7厘米。在羽状纹的细线地上饰菱形纹。四菱格内，各有一四出叶纹，四角出重叶纹。方座弦鼻。与上镜略有不同是典型的楚镜风格。

**镂空镶嵌几何纹方镜·战国**

    边长18.5厘米，重929克。镜面和镜背分铸，镜面镶嵌在与镜背连铸的边框内，整体纹饰用松石嵌地，主纹中的细线用红铜丝焊墙。并饰有错金礦纹乳丁。是战国时流行的青铜分铸镜。

**四虎纹镜·战国**

    直径12.2厘米，重710克。四虎纹饰为高浮雕。四虎头聚于镜座如同器皿尊彝的兽座腿一样。

**三山镜·战国**

　　直径9.2厘米。仅发现两面,除国内收藏一面以外,另一面为瑞典远东博物馆收藏。羽状地纹代表富饶的土地,地纹兑缝有阡陌之意,山字早期有山脉江河之含义为国界的象征。字体用毛笔画成有笔迹笔锋,反映了毛笔的改良和战国时代早期毛笔的使用。地纹由21块拼接而成。

**四山镜·战国**

直径9.5厘米，边厚0.4厘米，重量不详。背羽状地纹，地纹上有向外缘伸出的带状图纹，匀布四山字，内凹式卷缘。方鼻座，三弦鼻，无铭。山字形纹镜中存世量最多的一种。

**五山镜·战国**

直径11.5厘米，重167克。羽状地纹采取拼接兑逢方法，虽由21块拼接但几乎天衣无缝，五山匀布，山形字笔锋犀利大气反映了管状毛笔正在普及。圆形鼻座，乳状上加方楔鼻，这也是战国特有的镜鼻形。五山镜纹饰反映的是秦统一中国的最后进程。

**六山镜·秦**

    又称六国统一镜。山字镜有三山、四山、五山和六山镜。一说六山镜记载了秦统一六国的历史大事件。一说六山为开阡陌"路东西为陌，南北为阡"，解决交通问题（现在仍有很多地方用"街"和"路"来区分东西和南北的路）；推行县制废除采邑制实行中央集权；统一度量衡；建税制；改革婚配制度；兴建新都等六大措施作为秦的立国之本。

四乳四螭纹镜·汉

四叶蟠螭镜·汉

**常乐富贵镜**

　　直径16.6厘米，重690克。（王莽新政）天凤二年（15年）常乐富贵镜。为少见
的新莽纪年铜镜。并且天凤年号仅存六年，就更加珍稀。

**四乳镜·汉**

　　尺寸重量不祥，背中央四桃纹羽状地纹，绳纹圈带外为弦纹带带外起沿，外圈忍
冬纹作四蟠以四乳，十六连弧纹缘，圆鼻座，拱鼻，无铭。

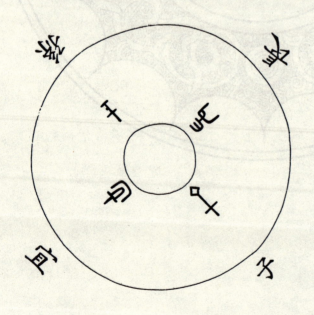

**宜子孙镜·汉**

　　直径三寸三分，重五两十六铢，背有菱花形圈带鼻周为柿蒂纹装饰，素缘，素鼻，铭文四字。

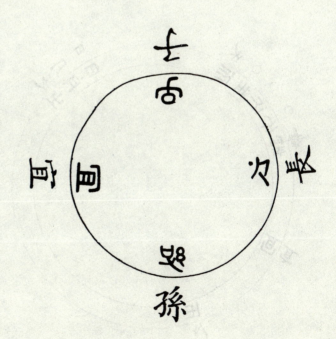

**宜子孙镜·汉**

　　直径四寸四分，重十三两半，背中央有四乳间列四灵，其中玄武为龙头凤头双蛇组成与后世龟蛇组合不同。素缘，素鼻，铭文四字。

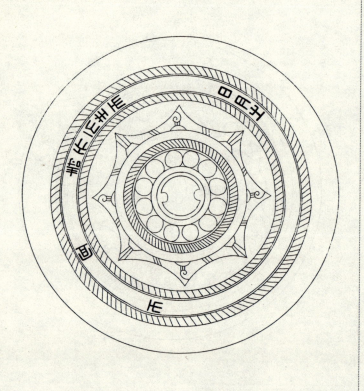

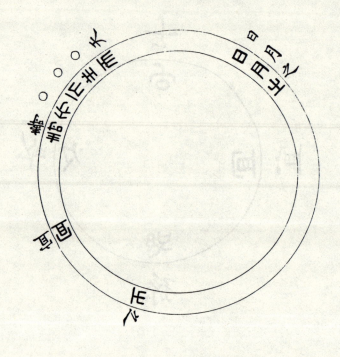

**长生镜·汉**

　　直径五寸八分，重四十九两，背有菱花形圈带中央有十二乳，素缘，素鼻，铭文十字有七字可识别。为透光镜。

**长生镜·汉**

　　直径五寸九分，重二十二两，背有菱花形圈带鼻周为柿蒂纹装饰，素缘，素鼻，铭文四十一字三十八字可识别，近鼻四字。此镜迎日照之则背文了了分明，背花俱见，为透光镜。

**八乳镜·汉**
　　直径四寸，重十两，背有八乳间列四鸟四兽，有角方装饰是典型的规矩镜样式，花卉缘，素鼻，无铭。

**八乳镜·汉**
　　直径三寸七分，重八两，背有八乳，流云缘，素鼻，无铭。

**九子镜·汉**

　　直径四寸三分，重十一两半，背中央九龙子形，外圈飞鸟纹，花缘，素鼻，圈带铭十二字，有四字不识。为凸镜。有关龙生九子之说世上多有流传，而汉镜上的九子更像是围坐在一起的兄弟，有兄弟一心的含义。

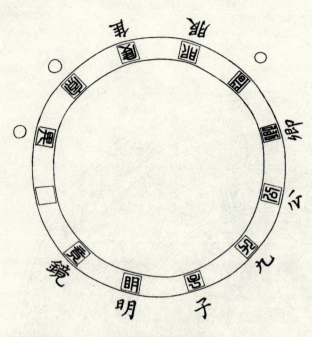

九子镜的铭文

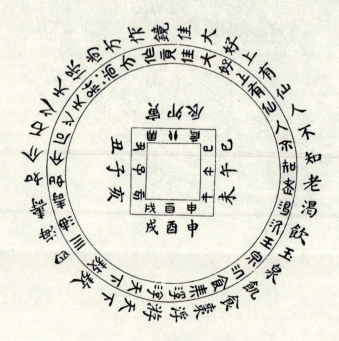

尚方镜的铭文

**尚方镜·汉**

    直径五寸一分，重二十五两，背中央为矩形框内有十二乳钉间列地支十二字，外圈作八乳具十二属相花边（与现行的生肖属相迥异），流云缘，柿蒂纹鼻座，素鼻，圈带铭三十五字。与按《丹铅总录》铭较此图少"浮游天下遨四海"一句。《汉书少府官属》有尚方御府注"尚方主做禁器物"，《通典》"秦置尚方令汉延袭之，铭词尚方做盖禁物"。汉武帝时公孙卿言：仙人可见宜为馆，如缑氏城置枣脯盖缘安期生枣大如瓜之说，（小房子大得像馆，大房子像城，枣大得像瓜一样。）铭言饥食枣，都是汉代的故事。寓意神仙般的生活。

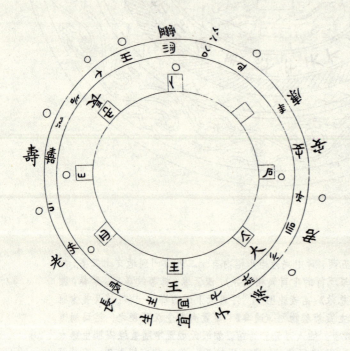

**九子镜·汉**

　　直径三寸七分，重二十两，背中央九龙子形，外圈直线纹，素缘，素鼻，圈带铭两圈，字多不识，其意为多子长者的祝寿语。

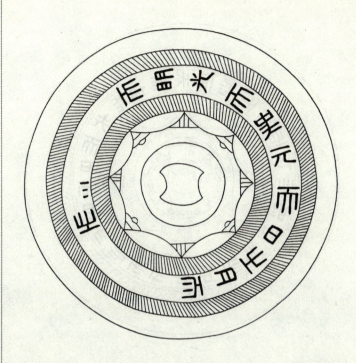

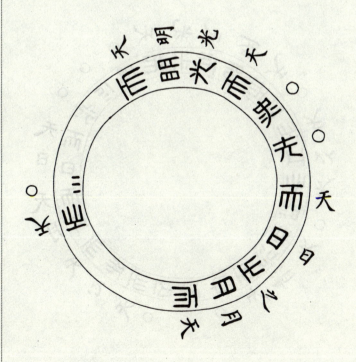

**明光镜·汉**

　　直径三寸，重五两半，背有菱花形装饰，中央十二乳丁装饰，素鼻，铭文十四字，其中天字起分割作用，十一字可辨识。为透光镜。

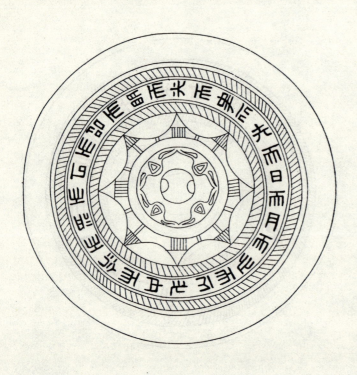

**明光镜·汉**

直径四寸，重九两，背有菱花形圈带，柿蒂纹鼻座，素鼻，铭文二十六字，其中天字起分割作用，有实际意义的字多不可辨识。

**明光镜·汉**

直径三寸九分,重十两,背有菱花形装饰,中央十二乳丁装饰,素鼻,铭文二十四字,其中天字起分割作用,有实际意义的字多不可辨识。

**青镜·汉**

　　直径三寸五分，重十九两，中央为四神形，较为特殊的是一只鸟，代表玉皇白雀台。外圈环形几何纹装饰，素缘，素鼻，圈带铭二十八字。这面镜是赠给中年人的，上保二老下佑子孙，又让自己升官发财。

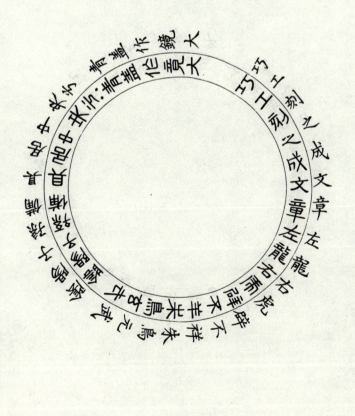

**青镜·汉**

　　直径四寸七分,重十六两,背有三条蟠龙,其中有一幼龙,寓喜得龙子之意。外圈环形几何纹装饰,素缘,素鼻,圈带铭。

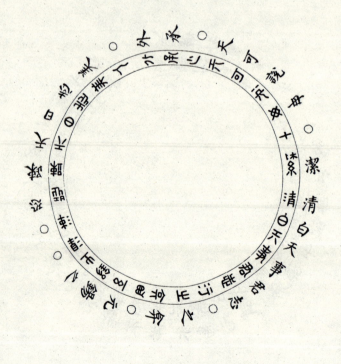

**青白镜·汉**

直径四寸五分,重十一两,中央为菱花形内有十二乳丁纹,外圈环形几何纹装饰,素缘,素鼻,圈带铭。透光镜。

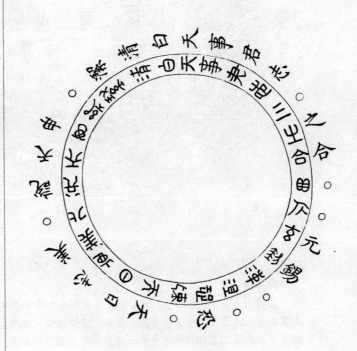

**青白镜·汉**

　　直径四寸四分,重九两,中央为十二乳丁纹,有菱花装饰,外圈环形直线纹装饰,素缘,素鼻,圈带铭二十七字其中"元"字似应为"玄"。透光镜。

**尚方镜·汉**

　　直径六寸五分，重二十一两，中央为矩形框内有十二乳丁间列地支十二字，外圈
龙鸾之象，流云缘，柿蒂纹鼻座，素鼻，圈带铭四十二字。与《西溪丛语》李晦之一
镜背有八柱十二兽铭"尚方佳贡大无伤，左龙右虎辟牛羊，朱雀玄武顺阴阳，子孙备
具居中央，长保二亲乐富昌。"所说比较，多了"巧工刻绘成文章"一句，其他也有
小的出入，"牛羊"二字则可能是李晦之释文有误。透光镜。

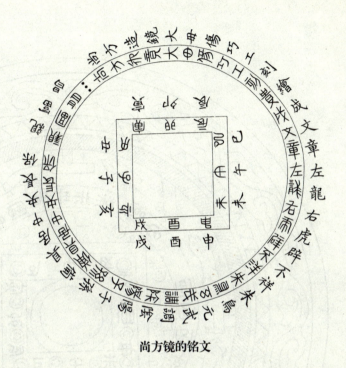

尚方镜的铭文

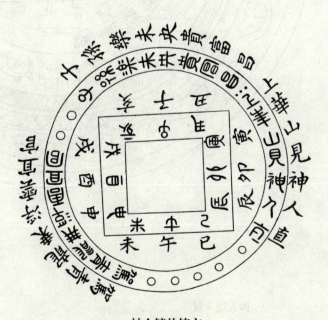

神人镜的铭文

**神人镜·汉**

　　直径四寸三分，重十九两，背中央方形框内十二乳间地支十二字，丁纹与乳丁，外圈有十二属花边缘，素鼻，圈带铭，可识别二十二字。含上华山见神人的故事，汉武帝见巨人迹（野人脚印），竟说见到神仙，多有凭此铸于镜者。

**四乳镜·汉**

　　直径三寸五分，重七两半，背中央为玄纹装饰，圈带为斜直线，外圈为四乳间列四只瑞兽。花纹缘素鼻无铭。

**长宜子孙四叶连弧镜·汉**

　　背中央为四叶纹，间以"子"变形的图纹，为典型的四变八纹饰素缘鼻无铭。

**四乳镜·汉**

　　直径五寸九分,重二十三两,背中央为素圈,圈带为斜直线,外圈为四乳间列龙
纹四条,合四海龙王之数。柿蒂纹鼻座,素缘素鼻无铭。

**四乳镜·汉**

　　直径五寸二分，重十七两八铢，背中央为素圈，圈带为斜直线，外圈为四乳间列大小兽形各四只。柿蒂纹鼻座，双折线缘素鼻无铭。

**伍子胥画像镜·汉**

　　直径19.5厘米，重840克。画像镜流行于东汉。伍子胥镜以四乳分区，依次安置故事情节，描写春秋末年勾践与范蠡二人席地而坐，相对密谋图吴，有"范蠡"、"越王"字样，其下各置一壶；左面是着长裙相立的二女，体侧亦有提梁壶；越王将玉女二人贿赂给吴国太宰，最后吴王夫差端坐在帐幔之中，左手上举，帐外刻"吴王"铭；伍子胥，须眉怒竖，昂首瞠目，手持长剑置于颈下，作自刎状，铭"忠臣伍子胥"，联珠纹鼻座；最后一组是整个纹饰外围饰以蓖纹、锯齿纹及曲折纹。素缘，绕鼻圆纹，素鼻。上海博物馆收藏。

### 矩形龙纹铜镜·汉

山东临淄大武镇窝托村南出土。镜长115.1厘米，宽57.5厘米，重56.5公斤。镜背饰蟠螭纹图案，中央及上下两侧共铸有五枚凸弦纹环形鼻，鼻长5厘米，宽3.5厘米，高3.2厘米，鼻座为柿蒂形纹饰，中间鼻纹饰与其余鼻纹略有不同，四边镜缘饰半圆连弧纹，图案纹饰均为浅浮雕，凸约1毫米。二蟠螭呈蜷身舞动，相互缠绕，张口吐信状。纹饰图案疏密得当，承传避让主次分明，是我国古代青铜铸造史上的经典。现为我国不允许出境的六十四件文物之一。山东省淄博博物馆藏。

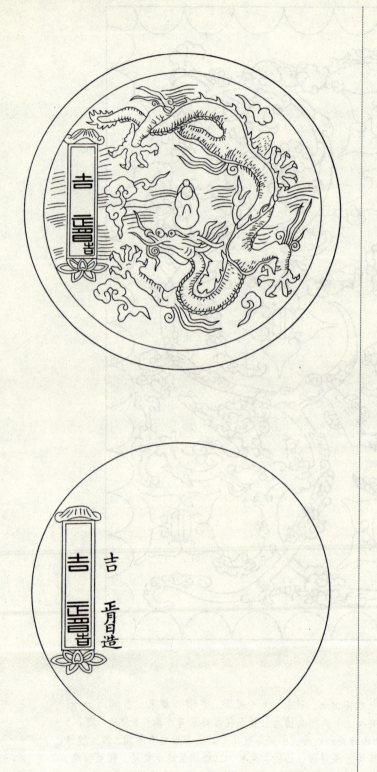

**云龙镜·汉**
　　直径三寸四分,重十两,背有龙跃天池之状,间以云朵,素边,素鼻。款识可以识别五字"吉正月日造"。

**海兽葡萄镜·唐**

直径四寸二，重二十二两，镜背中央四海兽，外圈列蝶鸟形，衬缠枝葡萄棉花朵边（寓官上加官），卷缘兽鼻无铭。

汉武帝时通西域带回葡萄种于上林苑，用以夸示。故铜镜多有此形制，尚方镜也不例外，清内府所藏甚多与《博古图》所载相吻合。

**海兽葡萄镜·唐**

　　直径两寸四分，重五两，镜背中央有五只海兽，鉴带以73颗乳凸代替（一般是用于贺寿等事，以乳凸代表事主年纪，这一方式一直沿用至今，叫作暗语）外圈缠枝葡萄流云边，兽鼻，无铭。

**海兽葡萄镜·唐**

　　直径三寸九分，重一十八两，镜背中央有五只海兽，外圈列禽蝶草虫（寓"宿鸟对鸣虫"对仗启蒙句），衬缠枝葡萄流云边兽鼻无铭。

**海兽葡萄镜·唐**

　　直径三寸六分，重十四两，镜背中央有五只海兽，鉴带以乳凸代替，外圈群鸟形，衬缠枝葡萄素边，兽鼻，无铭。

**海兽葡萄镜·唐**

　　直径三寸一分，重八两，镜背中央有四只海兽，鉴带为绳纹带，外圈列蝶鸟形，衬缠枝葡萄，花边，兽鼻，无铭。海兽寓长寿，葡萄寓多子，蝶通耋，鸟含鸣（名），缠枝寓久远，花边寓锦绣。

**海兽葡萄镜·唐**

　　直径三寸八分，重十七两，镜背中央有四只海兽，鉴带为绳纹带，外圈列蝶鸟形，衬缠枝葡萄，花边，兽鼻，无铭。

**海兽葡萄镜·唐**

　　直径三寸八分，重八两，镜背中央有四只海兽，鉴带为绳纹带，外圈列蝶鸟形，衬缠枝葡萄，花边，兽鼻，无铭。

**海兽葡萄镜·唐**

　　直径三寸五分，重十八两，镜背中央有五只海兽，直线带外括连珠纹外圈列蝶鸟形，衬缠枝葡萄，素边内加饰连珠纹，兽鼻，无铭。海兽寓长寿，葡萄寓多子，蝶通耋，鸟含鸣(名)，缠枝寓久远，连珠寓接连不断。

**海兽葡萄镜·唐**

　　直径四寸，重二十一两，镜背中央有大小海兽七只，外圈列蝶鸟形，衬缠枝葡萄并覆盖圈带，花边，狮鼻，无铭。

**海兽葡萄镜·唐**

　　直径三寸七分，重十三两，镜背中央有海兽四只，外圈列鸟兽形，衬缠枝葡萄图纹，镜上饰几何纹圈带，素缘，无铭。

**海兽葡萄镜·唐**

　　直径五寸四分，重三十七两，背有六只海兽，外圈列禽蝶草虫，衬结枝葡萄，花边缘，兽鼻，无铭。

**海兽葡萄镜·唐**

　　直径七寸，重一十七两，镜背中央有五只海兽，外圈列十二属相，衬缠枝葡萄，素鼻无铭。轩辕丙传帝铸镜十二随月用之。说来又合地支之数，所以后世多仿古制列地支及十二属相铸造于镜。

**海兽葡萄镜·唐**

　　直径四寸四分，重二十四两，镜背中央有海兽五只，外圈列群鸟形，衬缠枝葡萄图纹并覆越圈带，垂云缘，兽鼻，无铭。

**海兽葡萄镜·唐**

　　直径四寸二分，重十三两，镜背中央有海兽六只，外圈列群鸟兽形，衬缠枝葡萄图纹，花边缘，兽鼻，无铭。唐多以海兽为图意为寿长如海，葡萄意为多子，鸟与兽合有神寿的含义。

**海兽葡萄镜·唐**

　　直径四寸二分，重十三两，镜背中央有海兽六只，外圈列群鸟兽形，衬缠枝葡萄图纹，花边缘，兽鼻，无铭。唐多以海兽为图意为寿长如海，葡萄意为多子，鸟与兽合为神寿。

**海兽葡萄镜·唐**

　　直径三寸七分，重十九两，镜背中央有海兽四只，外圈列蝶鸟形，衬缠枝葡萄图纹，花边缘，兽鼻，无铭。外圈与中央和缘利用起伏分界，增加了镜背的变化。蝶与耋同音，在纹饰里的寓意长寿。

**海兽葡萄镜·唐**

　　直径四寸六分，重二十五两，镜背中央有海兽六只，圆环纹圈带，外圈列鸟兽形，衬缠枝葡萄图纹，垂云缘，兽鼻，无铭。

**海兽葡萄镜·唐**
　　直径四寸四分，重二十六两，镜背中央有海兽五只，圆形圈带，外圈列鸟兽形，衬缠枝葡萄图纹覆过圈带，垂云缘，兽鼻，无铭。

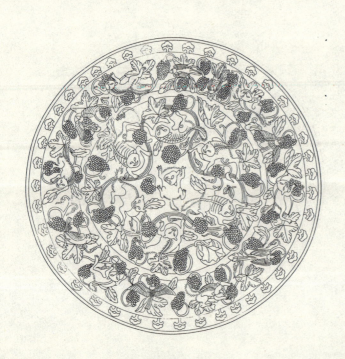

**海兽葡萄镜·唐**
　　直径五寸五分，重五十两，背有六只海兽，外圈列群鸟，衬结枝葡萄，花边缘，兽鼻，无铭。

**海兽葡萄镜·唐**

　　直径四寸二分，重二十两，背有五只海兽，外圈列群鸟，衬结枝葡萄，垂云边缘，兽鼻，无铭。

**海兽葡萄镜·唐**

　　直径三寸八分，重十九两，镜背中央有海兽四只，外圈列群鸟形，衬缠枝葡萄图纹，镜上饰几何纹圈带，素缘，无铭。

**海兽葡萄镜·唐**

直径六寸三分，重六十三两，背有六只涂金海兽，外圈列鸟兽蝶虫，衬结枝葡萄，流云边缘，兽鼻，无铭。

**海兽葡萄镜·唐**

直径三寸七分，重十三两，背有四只海兽与海燕相间，外圈列蝶草虫形，衬结枝葡萄，垂云边缘，兽鼻，无铭。

**海兽葡萄镜·唐**

　　直径五寸二分，重三十九两，背中央有四只海兽，外圈列鸟兽形，衬结枝葡萄，垂云边缘，兽鼻，无铭。

**海兽葡萄镜·唐**

　　直径四寸六分，重二十五两七铢，背中央有六只海兽，外圈列禽蝶草虫形，衬结枝葡萄，花边缘，兽鼻，无铭。

**海兽葡萄镜·唐**

　　直径三寸，重九两，背中央有四只海兽，外圈列群鸟形，衬结枝葡萄，垂云边缘，兽鼻，无铭。

**海兽葡萄镜·唐**

　　直径三寸九分，重十六两，背中央有四只海兽，外圈列蝶鸟形，衬结枝葡萄，垂云边缘，兽鼻，无铭。

**海兽葡萄方镜·唐**

　　边长三寸六分，重二十两。背面有四只海兽，外轮排列群鸟形，全部环以缠枝葡萄纹，素边，兽鼻，无铭文。

**龙凤葡萄镜·唐**

　　直径五寸二分，重四十两，背中央有二龙二凤，外圈列鸟兽形，衬结枝葡萄，流云边缘，兽鼻，无铭。

**龙凤葡萄镜·唐**

　　直径五寸三分，重三十二两，背中央有二龙二凤，外圈列鸟兽形，衬结枝葡萄，流云边缘，兽鼻，无铭。

**鸾兽葡萄镜·唐**

　　直径五寸二分，重二十七两，背中央有二鸾四海兽，外圈列禽蝶草虫形，衬结枝葡萄，流云边缘，兽鼻，无铭。

**鸾兽葡萄镜·唐**

　　直径五寸二分，重三十一两，背中央有二鸾四海兽，外圈列禽蝶草虫形，衬结枝葡萄，流云边缘，兽鼻，无铭。

**鸾兽葡萄镜·唐**

　　直径七寸，重九十六两，背中央有二鸾六海兽，外圈列鸟兽禽蝶草虫形，衬结枝葡萄，流云边缘，兽鼻，无铭。

**鸾兽葡萄镜·唐**

　　直径七寸，重九十六两，背中央有二鸾六海兽，外圈列鸟兽禽蝶草虫形，衬结枝葡萄，流云边缘，兽鼻，无铭。

**四神镜·唐**

　　直径八寸，重六十两。背中央有青龙、白虎、朱雀、玄武四神形，外圈有十二生肖图纹，流云缘。素鼻，有铭文三十二字。形制与《博古图》武德鉴吻合。《汉书·天文志》中有五官之说，行车按前朱雀、后玄武、左青龙、右白虎的方位配置，渗透到镜铭中。

**金银平托凤凰牡丹镜·唐**

　　八瓣窝角形，出土于河南洛阳，中央为八宝相围绕莲花鼻座。外圈四凤间缠枝图案。桥形鼻无铭。

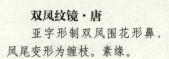

**双凤纹镜·唐**

　　亚字形制双凤围花形鼻，凤尾变形为缠枝。素缘。

**金银平脱宝相花镜·唐**

直径19厘米，重1035克，六朵银片心状纹套金片宝相花纹花形，鼻座周围饰金片六出重瓣形，每瓣为三重，有一瓣残缺，窄缘，圆鼻。

**银花镜·唐**

**宝相花镜·唐**

葵花制式，直径六寸，重二十两，背有六朵花，素边，素鼻

**宝相花镜·唐**

直径四寸三分，重八两八铢，背有六朵花，连珠圈并散珠图有"大珠小珠落玉盘"的效果，素边，素鼻，无铭。

**宝相花镜 · 唐**

菱花形制，直径四寸，重十七两，背有正花四朵间以侧花纹，云蝶边，兽鼻，无铭。

**宝相花镜 · 唐**

菱花形制，直径七寸，重五十七两，背中央一朵大花，外环绕八朵小花，垂云边，鼻上做花形珠钮，无铭。宝相花是一种抽象的装饰图案，以莲花、忍冬或牡丹花为基本形象，经变形、夸张，穿插一些枝叶和花苞，组成工整端庄的艺术图案。

莲花、牡丹早已为人们所熟知，忍冬又名冬银藤、鸳鸯藤、左缠藤、金银花，茎中空，长可达数米，多分枝，幼枝生短密柔毛，叶卵形对生。夏季开花，成对生于叶腋。花冠唇形，筒细长，上唇四浅裂，初开白色，后变金黄色，黄白相间。结黑色球形浆果。

**宝相花镜·唐**

　　葵花形制，直径七寸，重五十七两，背六朵大花，素边，鼻座连叶环绕放射状花蕊，素鼻，无铭。

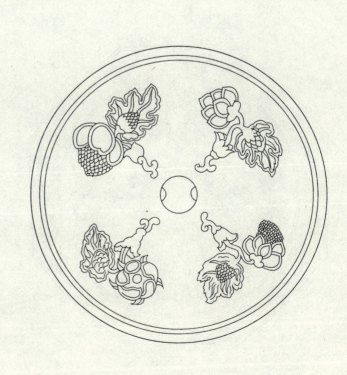

**宝相花镜·唐**

　　直径五寸七分，重十六两，背有折枝花四朵，隐古诗句"花开当折直须折，莫待无花空折枝"，素边，素鼻，无铭。

**唐宝相花镜·唐**

直径五寸七分,重十八两,葵花制式,背有四支折花,隐"劝君莫惜金缕衣,劝君惜取少年时,有花堪折直须折,莫待无花空折枝。"古诗意。素缘,素鼻,无铭。

**唐宝相花镜·唐**

直径五寸二分,重二十二两,菱花制式,背有花朵间以垂云花蝶边,素鼻,无铭。

**凤马镜·唐**

　　直径八寸二分，重九十六两，菱花制式，背有双凤双马，间以旋纹花边，花蝶虫鸟图纹缘，素鼻，无铭。

**福禄镜·唐**

　　直径七寸，重十九两，葵花制式，背有双鹿，取义"禄"是借谐音隐祈祝语的常用形式，上下配花草蜂蝶图纹缘，素鼻，无铭。

**六花镜 · 唐**

    直径八寸，重五十七两，背分内外各有折枝花六支，流云图纹缘，素鼻，无铭。

**鸟雁花枝镜 · 唐**

    直径三寸一分，重五两，菱花制式，背有双雁双凫，间以折枝花图纹，花蝶纹缘，素鼻，无铭。

**雀绕花枝镜·唐**

直径四寸，重十七两，半菱花制式，背有飞雀飞雁各两只，间以旋纹花，花蝶纹缘，素鼻，无铭。

**瑞兽镜·唐**

直径四寸三分，重十一两，菱花制式。背有狻猊、甪端各两只，传说中的独角神兽甪端善行走，通四方言，圣人出世时出现，龙五子狻猊如貔猫，食虎豹，喻强悍。此镜有祝贺初生的含义，花蝶纹缘，素鼻，无铭。

**瑞兽镜·唐**

直径四寸三分，重十五两，菱花制式。背有狻猊、甪端各两只，花蝶纹缘，素鼻，无铭。

**双龙镜·唐**

直径四寸，重十二两，背双龙间以流云图纹，素缘，葵花鼻座，素鼻，无铭。龙渊于原始部落的图腾，在社会发展至部落联盟时各部落的图腾相互渗透综合，逐步形成了龙、凤、麒麟、狻……祥瑞禽兽仙卉。最有代表性的是龙、凤和玫瑰。其中龙的地位逐步上升成为中华民族的象征，有固定的形制，龙"形有九似：头似驼，角似鹿，眼似鬼，耳似牛，颈似蛇，腹似蜃，鳞似鲤，爪似鹰，掌似虎，背有八十一鳞具九九阳数，口旁有须髯，颔下有明珠，喉下有逆鳞，头上有博山"（《本草纲目》）。

**十二生辰镜·唐**

　　直径八寸一分，重一百一十二两，背中央鎏金海兽八只，外圈十二生肖依次排列，流云纹缘，葵花鼻座，素鼻，圈带铭。生肖是原始动物崇拜的产物，逐步浓缩到十二个左右，有的地区有些差别。生肖不但有各自的值年星君，并且与中国五行说联系起来形成了完整的生肖文化。在铜镜中有广泛的体现。

　　有关铜镜图案中十二生辰的赞语

　　鼠，生年地支子年生，五行子属水，五常水属智。神算子，飞缘浮穴，走五伎食豆月谷。有鼠豹采，厮号为。汉朝莫知，郎中能名。赏以束锦，雅业遂胜。之为鼠，食烟栖林。载飞栽乳，乍兽乍禽。皮籍孕如，人为大任。

　　牛，生年地支丑年生，五行丑属土，五常土属信。泰山怒特，吴天神牛，气嘘风喷，精电流。讵牵和鞅，不入裴。狄力难京，肆怒横行，郎陵莹角，介葛瞻生遁仙托称，妖冠凭名。名正八区，威陵五都。蓄勇槽横，息场仇览献豆，滕婴进刍。雄儿楷式，悍士规模。

　　虎，生年地支寅年生，五行寅属木，五常木属仁。上覆苍穹，地载原野，於菟呼啸于山林之间，纵横于平川之上，吊睛似铃，巨口如盆，眉宇天造地成一个王字。来去无觅其踪，矫健乘隙于一瞬。文可为相谋也，武可为将勇也，无往而不胜德之相佑也。

　　兔，生年地支卯年生，五行卯属木，五常木属仁。其毛春素，积毫秋墨，点缀五彩，渐染粉墨。盖久隐时见，应世德也，徐疾体备，达消息也资质皓郎，民之则也，被白含文，好无极也。秦失鹿于近郊，晋得兔于远境。

　　龙，生年地支辰年生，五行辰属土，五常土属信。应令月之风律，照嘉祥之赫戏。

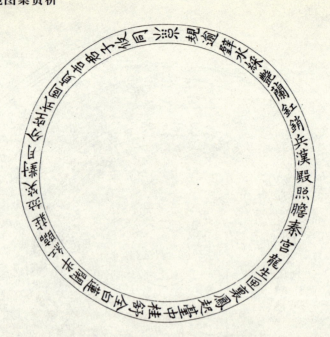

敷华耀之珍体，耀文采以陆离。旷时代以稀出，观四灵而特奇。盖鸿洞轮硕，丰盈修长，容姿丰润，蜿成章，繁蜿虬不可度量。似朝日之阳，列缺之光论若鉴阳和映琼瑶，时若望飞云曳旗旌。或蒙翠岱，或类流星，或如虹之垂耀，或似红之芳荣。焕彬之魂异实皇家之休灵，奉阳春而介福，乃国以嘉祯。若鉴阳和映琼瑶，时若望飞云曳旗旌。或蒙翠岱，或类流星，或如虹之垂耀，或似红之芳荣。焕彬之魂异奉阳春而介福，乃国以嘉祯。

蛇，生年地支巳年生，五行巳属火，五常火属礼。长蛇百寻，厥鬣如蟒，小则数寻，大或百丈。长君耳。飞群走类，靡不吞噬。极物之恶，尽毒之厉。腾蛇配龙，因雾而跃。象实巨兽，有蛇吞之。越出其骨，三年为期，厥大大何如？蠢蠢万生，咸以类长，唯蛇之君，是谓巨蟒。

马，生年地支午年生，五行午属火，五常火属礼。地精为马，应阴以合功任重致远利天下。月度疾故善走。头为王欲得方，目为丞相欲得明，脊为将军欲得强，腹为城郭欲得张，四下为令欲得长。眼欲得高匡，鼻孔欲得大，鼻头有王火字。口中欲得赤，膝骨贞而强，耳欲得相近而前竖小而后。神马者河精也。以龙叙乾，以马明坤。

羊，生年地支未年生，五行未属土，五常土属信。羊，祥也，象四足角尾之形，字以形举。羔有角而不用，如好仁者；执之不鸣，考之不谤，类义者；羔饮其母必跪，类知礼者。故羊之为言犹祥。

猴，生年地支申年生，五行申属金，五常金属义。猴京属也，或黄墨通臂，轻累善缘，能于空轮转，好吟。隔岩还啸侣，临潭自响空，挂滕疑欲饮，吟枝似避弓，漫道猴相者善辩，皆缘猴与侯相通。

鸡，生年地支酉年生，五行酉属金，五常金属义。鸡为积阳，南方之象，火阳精，物炎上，故阳出鸡鸣，以类感也。玉衡星散为鸡，鸡鸣时节，家乐无穷。头戴冠者，文也，足缚钜者，武也，敌在前敢斗者，勇也，见食相呼者，仁也，司晨不失时者，信也。

狗，生年地支戌年生，五行戌属土，五常土属信。余处大魏之祚，迸在朔阳，越彼西旅，大大是获形体如前羽削，相貌如刻画，毛朝紫艳光。双眉如白璧，爪类刀戟。盼而奋怒，挥霍而振掷，吼若天梁拆，地柱劈，倒白象唑其腰，魑制手六骏拆其脊。爪处如钩牙，睫创似矛刺。

猪，生年地支亥年生，五行亥属水，五常水属智。吻长毛短，黑面环睛，圆头大耳同天寿，胸宽体胖与地齐。白蹄四只高千尺，剑鬣长身百丈饶。悍有天蓬，情有娇娘。腹怀能容，处世知足，口阔四面净坛，时运八方广布。

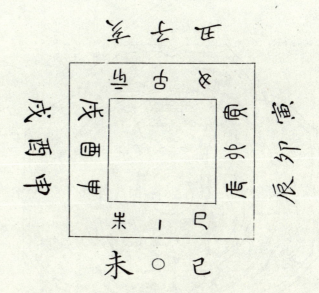

**十二生辰镜·唐**

　　直径五寸一分,重十七两,背中央十二乳丁（代表六丁六甲）间列十二地支字,外圈鸟兽图纹间规矩纹,流云纹缘,葵花鼻座,素鼻。

**双鱼镜·唐**

　　直径六寸，重八十两。背有双鱼游弋于水波之中，素缘。六合鼻座，寓意六合（天下）之内如鱼得水，因鱼与余谐音后世多有仿效的图纹，但与原意有变化，素鼻，无铭。

**双鸾镜·唐**

　　直径四寸六分，重十九两，半菱花制式。背有双鸾衔坠，间以高山流云图纹，灵芝草蛱蝶缘，素鼻，无铭。

　　鸾传说中凤凰的一种。大于凤的雄性长生鸟。《山海经》记为赤色，五彩，鸡形，鸣中五音。铜镜主题图用鸾鸟有双层含义，一是结交佳友，一是找到好伴侣。寓"鸟随鸾凤飞腾远，人伴贤良品自高"。山形、绶带、笃坠构成像山一样牢固的隐言。

**双鸾镜·唐**

直径四寸六分,重十六两十六铢,葵花制式。背有双鸾辅以
四鸟流云图纹,云鸟花蝶缘,素鼻,无铭。

**双鸾镜·唐**

直径五寸二分,重十五两,
葵花制式。背有双鸾上一鸟衔
绶带,下为牡丹图案,素缘,素
鼻,无铭。

**双鸾镜·唐**

　　直径四寸二分，重九两，葵花制式。背有双鸾佩绶带上为云下为雏鸟乳芽图纹，怜子护幼寓意，花蝶缘，素鼻，无铭。

**双鸾镜·唐**

　　直径五寸八分，重二十四两，葵花制式。背有双鸾间以花图纹，花蝶缘，素鼻，无铭。花朵曾为远古炎帝部图腾，蝶与耋谐音暗合长寿，花蝶图纹寓美好长久之意。

**双鸾镜·唐**

    直径五寸八分，重二十二两，葵花制式。背有双鸾上一鸟衔绶带，下为山云，蜂叶缘，寓勤劳含义，素鼻，无铭。

**舞凤犹狻镜·唐**

    直径七寸两分，重六十四两。两菱花形制，背中央舞凤犹狻各两只，间以折枝花图纹，外圈花蝶虫鸟图纹，随形素缘，兽鼻，无铭。与《博古图》凤马鉴相合，按《尔雅》注：犹狻即狮子出西域以及《穆天子传》记犹狻野马走五百里，则犹狻亦可云马，故旧图称为凤马鉴。

### 四神镜·唐

　　直径五寸八分，重二十七两。重圈布局，中央是四神图形。第一圈为十二生肖；第二圈为八卦间以宝相花图纹；第三圈为二十八星座图；第四圈是铭文圈带，共五十四字。素缘，兽鼻。其中表现的是我国最古老的河图洛书的故事。

　　四灵之说甚早，在六千年前的古墓中就有贝壳摆的青龙白虎图案，在著名的曾侯乙墓出土了绘有四灵神的漆器。四灵是古代天文的星座名，如白虎星座共七星第一颗星是奎星主文运，后被北斗魁星所代替。东方青龙、西方白虎、南方朱雀、北方玄武四组，每组各有七位天神。东方七宿为角、亢、氐、房、心、尾、箕，北方七宿为斗、牛、女、虚、危、室、壁，西方七宿为奎、娄、胃、昴、毕、觜、参，南方七宿为井、鬼、柳、星、张、翼、轸，共二十八星宿。

相传远古孟津水生一怪异常庞大食人，毁禾。田地渐荒芜，民无以谋生。众求于伏羲。羲提剑至川。怪伏地乞饶，潜遁。数日后，背负着一玉板献之。唤为"河图"。羲皇以此悟得八卦。是年夏，禹开龙门，伊河于龙门南流入了洛河，浮出一巨龟，禹放之。龟谢禹，日后献一玉板称为《洛书》。后经文王演为《周易》，成为中华文化的先河。

1987年安徽含山县陵家滩原始社会末期墓葬中出土的距今5300年的玉片和玉龟（较禹早一千余年），记载了无文字时代原始先民把天地、北辰、四维、四时、八方、八节、八卦和洛书之数融为一体的宇宙图式，也是原始的洛书和八卦图。"仓颉随帝南巡，登阳虚之山，临于玄泸洛讷之水。灵龟负书，丹甲青文以授之"。

河图是1—9对直线相加等于15，洛书是1—9直线向中心相减等于5的数字加减法的记录，是先民对数的认识，我国原始社会十进制迄今为止是全世界最伟大的发明。

《八卦·德象》中国传统美德之基石。乾卦德象曰：天行健，君子以自强不息。坤卦德象曰：地中生木，有容乃大，无欲则刚。震卦德象曰：君子言之有物而行有恒。兑卦德象曰：泽中有火，革。君子以治历明时。巽卦德象曰：谦谦君子，用，涉大川，真。坎卦德象曰：上火下泽，睽。君子以同而异。离卦德象曰：君子终日乾乾，夕阳若，后无咎。艮卦德象曰：地势坤，君子以厚德载物。

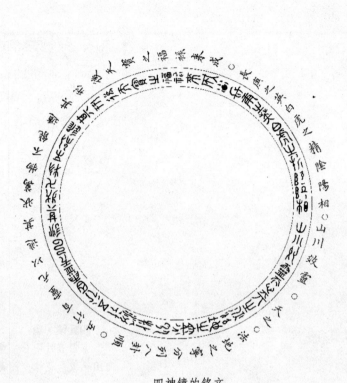

四神镜的铭文

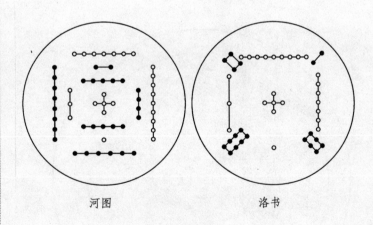

河图　　　　　　　　洛书

朱熹所绘河图洛书

**四乳镜·唐**

直径五寸七分，重十七两。背有四乳重轮，外圈瑞草向阳花纹，花缘，圈鼻，无铭。

**四神镜·唐**

直径四寸九分，重三十三两。背有青龙、白虎、朱雀、玄武四神形，素缘，素鼻，无铭。浮云为天空，未设圈，带有天穹广大之意，重量的隐语是三十三天玉帝的居所白鸟台。玉帝姓张名有人，字自然，全称：昊天金阙无上至尊自然妙有弥罗至真玉皇上帝，又称玄穹高上帝简称玉帝。在古人多用白鸟、三十三、人物、花鸟、鱼虫走兽、山水树木等隐语来代称这位诸天之主、万天之尊。

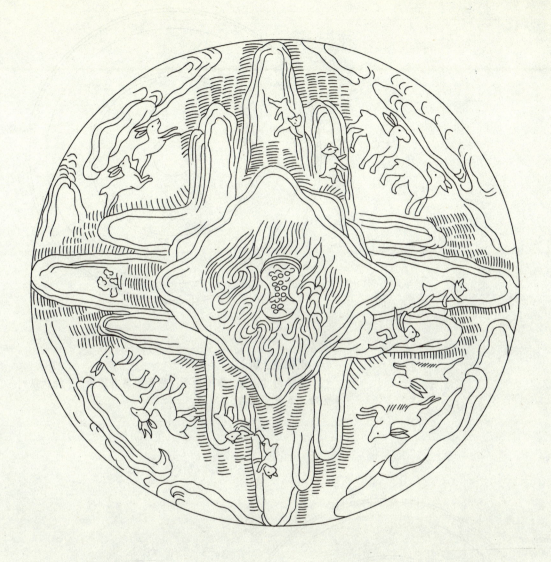

**云涛镜·唐**

　　直径五寸六分，重十九两。背中央波涛外列四山形浮云纹，有兽十只散布于山地平原，无缘，四花鼻，无铭。世间上最高的山名须弥，为梵语，汉译妙高。因为此山入海深八万由旬深，（印度一由旬等如中国四十里）出海亦八万由旬高，故言高；此山由众宝所成，故言妙。此山的四周皆是大海，海的四周又有山，纯金所成，因名金山。山之外复有海，海之外复有山，如是七重，故名七香水海，七金山。第七重金山之外，围绕咸水海，咸水海之外，围有大山，名大铁围山。此山之东，有东胜神州，之西有西牛货州，之南有南赡部州，之北有北俱卢州。我们所居住的地球，就是南赡部州。如是合九山八海，与四大部州，上至初禅天，是一个太阳，与一个月亮可以照临的地方，名一个小世界。积集一千个小世界，名一个小千世界，积集一千个小千世界，名一中千世界；积集一千个中千世界，名为一个大千世界。以其三次言千，故名三千大千世界。看似妄言，实质上是我国先民对无限宇宙的畅想。

**重轮镜·唐**

　　直径两寸五分，重七两半。背无图案有圈带、平缘所以叫重轮，素鼻，无铭。

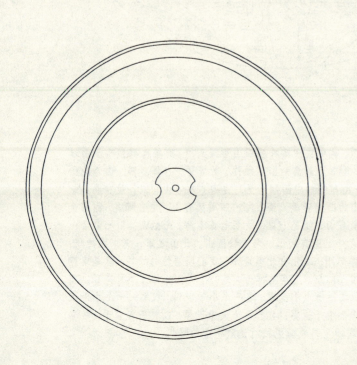

**重轮镜·唐**

　　直径三寸七分，重七两。背无图案有圈带、平缘，素鼻，无铭。

**鸾凤花枝镜·唐**

　　直径七寸三分，重一百一十二两，背有双鸾双凤，间以折枝花图纹，外圈花鸟图纹，流云缘，素鼻，无铭。

**飞天镜·唐**

　　直径25.3厘米，重量不详，葵花形制，陕西西安出土。镜背有相对的飞天形象。有祥云，山峰，树木图形相衬。素缘，圆鼻，无铭。现藏于国家博物馆。

**王子乔吹笙引凤镜·唐**

　　八出葵花镜形制，下部为江水山牙，上部为乔林倚石，右有头戴高冠，身着长衣，悠然吹笙，左有一翔凤展翅而来。圆鼻，素缘。《史籍》载王子乔为周灵王嫡长子，好吹笙作凤鸣，曾引凤来舞。其常游于伊水、洛水一带，被一道士引至高山，乘鹤而去。

**嵌螺钿高士宴乐纹铜镜·唐**

　　1955年出土于河南洛阳唐墓，直径23.9厘米。螺钿镶嵌工艺虽然已有3000年的历史，但运用到铜镜上则较晚。这面螺钿镜人物及衣饰、用具和禽鸟及羽翼、花木刻画得极其精致。

**牡丹方镜·五代**

　　方形委角形制。背饰单线连贯式空心十字形缠枝，分生八枝，每枝端有一朵盛开牡丹。弧凸缘，素鼻，无铭。

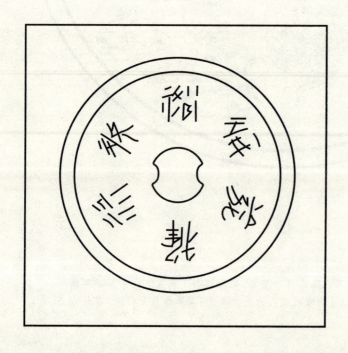

**六字真言镜·西夏**

　　方形镜边长7.4厘米，重206克。镜背刻佛教六字真言，是极为罕见的西夏铜镜。六字真言"唵嘛呢叭咪吽"，属佛教密宗莲花部，其缘起即莲花生菩萨往极乐世界所唱的六字圣歌。唵表示佛部心；嘛呢梵文是如意宝的意思，表示宝部心，又叫"聚宝"；叭咪是莲花的意思，表示莲花部心，比喻佛法像莲花一样纯洁；吽字表示金刚部心，是祈愿成就的意思。全句有依靠佛的力量，得到正果，成就一切，普度众生，达到佛的境界的含义。

**八卦连珠纹镜·宋**

　　方形边长10厘米，厚0.2厘米，重125克。以连珠纹与内外相隔，外圈饰八卦纹，四角缠枝图纹。宽缘，菊瓣纹镜座，圆鼻残断。

**连枝宝相花镜·宋**

　　圆形制，背有连枝宝相花图案。宝相花也称为宝仙花。

**荷花蝴蝶镜·宋**

尺寸重量不详，方形委角，对角生荷花二枝，一株荷花初放，莲花萎而籽满，另一株一片荷叶舒展，一苞欲放。花间有两只蝴蝶飞舞。素窄缘，素鼻。

**弄玉骑凤镜·宋**

直径11.6厘米，菱花形制。镜背中央为弄玉骑凤图，反映的是吹箫引凤的故事。汉代刘向《列仙传》："萧史者，秦穆公时人也。善吹箫，能致孔雀、白鹤来庭。穆公有女，字弄玉，好之，公遂以女妻焉。日教弄玉作凤鸣，居数年，吹似凤声，凤凰来止其屋。公为作凤台，夫妇止其上。不下数年，一旦，弄玉乘凤，萧史乘龙，夫妇同仙去"。外圈为花卉纹饰，鼻在镜缘上。鼻下有"南安止家"款。"南安"即宋南安府，在今江西南部。

**牡丹方镜·宋**

　　方镜形制在牡丹与牡丹之间有缠枝相连,有富贵绵长的隐义,在花间以四只蝴蝶组成蝶恋花的程式构图,蝶取耋的谐音,是长寿富贵的象征。这是为老人祝寿的铜镜。

**菊花镜·宋**

　　半圆形鼻成放射状菊花蕊花药构成了圈带,外圈是盛开的花瓣。这是一面护身镜,用28个花瓣代表28宿、46颗花药代表46吉数和为74过圣贤之寿,素缘代表坦途,圆形代表圆满。在一面铜镜有如此多的隐语,真是费尽了心机。

**芙蓉镜·宋**
　　圆形，以菊花鼻为中心，花卉枝蔓向外卷曲伸展，枝蔓
纤细秀丽，茎叶穿插交叠。

**芙蓉镜·宋**
　　圆形，花卉对称排列，连
珠纹缘，无鼻，无铭。

**芙蓉镜·宋**

背有四枝芙蓉花，绕鼻环列排列。连珠纹圈带。葵花鼻。

**芙蓉连枝镜·宋**

主纹为伸枝展叶的三朵芙蓉花，循环缠枝。花形鼻，无铭。

**半菱镜**
年代不详。

**菱花带柄镜·宋**
　　被认为唐宋出现的带柄镜。菱花形制，加上了镜柄，柄的下部呈花瓶形，铜镜整体就像一朵盛开的鲜花插入瓶中，造型独特。宋代由于椅子的产生，人们由跽坐改为垂足坐，案几发展为桌子，镜子适应这种家具的变化，固定的样式增多，背后的雕饰不及以前重要，所以素镜自宋开始增多。

**犀牛望月镜·宋**

　　明月挂在山头，山下水波荡漾，岸边卧有一牛，抬头望月，喘喘出气。反映的是吴牛喘月的成语故事。吴地（浙江一带）夏季炎热，牛常常热得气喘吁吁。晚上，牛把月亮误作了太阳，气喘吁吁。表面上是讽刺牛的愚蠢，实质上是唐宋时期文人隐喻农民对税赋的惧怕心理。这样深刻的题材以铜镜的形式表现，体现了工艺美术对政治生活的参与。

**菊花镜·辽**

　　直径9.85厘米，重量不详，镜背呈菊花形，花瓣旋转叠压，其中一花瓣上刻"济州（原名龙州，金天眷三年改为济州，治所在利涉，今吉林农安）录司官"字及花押。随形缘，素鼻，无铭。辽宁省博物馆藏。

**织锦纹蜂蝶镜·辽**

　　半球形弦孔鼻，沿鼻花瓣纹座，四周匀布四只采花蜂，在正方形折线加丁纹框带与直线纹圆形圈带相切形成的夹角中各饰展翅蝴蝶一只，外圈为菱形提花六合织锦纹，直线纹缘，无铭。隐成语锦上添花和招蜂引蝶。

**十字花纹方镜·辽**

 纵20.3厘米，横20.3厘米，重960克。方形，主题纹饰为十字花纹，由四花瓣构成，由述禄纹变化而成，不过不是铜钱形状，而是在圆中央由九颗圆珠纹作丁纹装饰。

**继海独龙镜·辽金**

 直径11厘米，以陶范铸造而成。我国的铜镜范铸技术从战国时期沿用到隋唐。唐代开始中国传统的范铸工艺向砂型铸造、失蜡铸造、干模（披麻法）铸造的转型期，由于铜镜合金为高锡青铜，砂型为湿型，导热率过快，高锡青铜结晶过快易产生缩孔、缩松、炸裂等铸造缺陷，因此用范铸技术铸镜一直被沿用。宋以后，铜镜合金中含铅量增大，延长了合金结晶的时间，铸镜逐渐采用了翻砂工艺。北宋早期还有一些用陶范铸制的高锡镜，至南宋，基本以翻砂铸镜为普遍工艺了。辽金与宋同代，这面铜镜是范铸法的收官之作。铜镜有继海二字，字体拙硬。

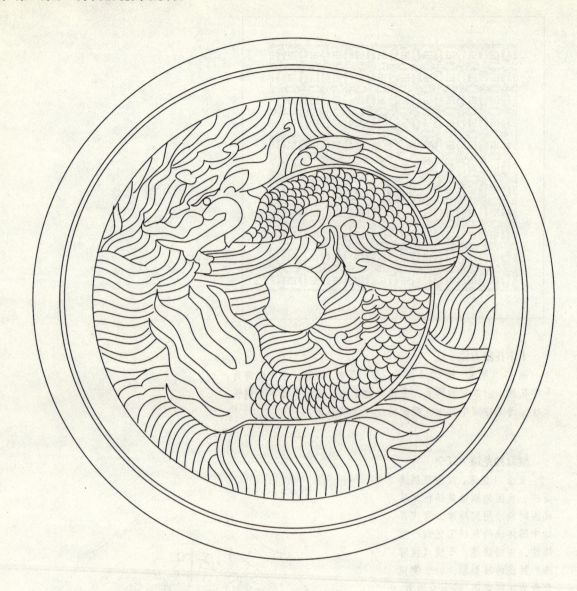

### 鱼化龙镜·金
直径21厘米，厚0.7厘米

镜中是龙头鱼身的形象，并且长有一对粗壮的翅膀，跃于波涛汹涌的水面之上。"鱼化龙"是汉代流行的传统魔术节目，《西京赋》载：海鳞变而成龙，即为此像也。《洛神赋》中有"鱼翔辖毂"的语句。《太平广记》、《水经注》、《汉唐地理书钞》等古籍中均记述了鱼化龙的过程。

龙门山，在今山西河津县西北。《三秦记》载："龙门山在河东界。（夏）禹凿山断门一里余，黄河自中流下，两岸不通车马。每岁春季有黄鲤鱼，自海及诸川争来赴之。一岁中，登龙门者，不过七十二。初登龙门，即有云雨随之，天火自后烧其尾，乃化为龙。"《后汉书·李膺传》："龙门，水险不通，鱼鳖之尾莫能上，上则为龙也。"世间传说为"鲤鱼跳龙门"即鱼化龙。

金代鱼化龙过程中的鱼龙被归于龙的家族，成为人们崇尚的瑞兽。

**双鲤纹镜·金**

　　直径20.1厘米，重1630克。镜背饰双鲤纹，鲤鱼翻腾于波涛和飞溅的浪花中，鱼身健硕，鱼尾随镜缘内折翻转，巧妙地形成弧形。此镜纹饰运用浮雕手法，鲤鱼造型优美，细部精致逼真，水波纹线条刻画流畅。

**莲花镜·金**

　　出土于哈尔滨宾县常安镇马鞍子村。圆形，直径为6.5厘米，厚度为3毫米，黄铜材质；背面中央有浮雕莲花图案，外圈匀布八颗乳丁；光缘在缘的侧面有一弓形鼻。背面带有八个乳丁的铜镜已十分罕见，鼻在侧面的铜镜就更加稀奇了。应为金国贵族妇女随身佩戴的铜镜。

**菊花镜·金元**

尺寸重量不详，厚重，缘内有连珠、弦文环，以鼻为中心，浮雕叠压菊花瓣。素平缘，素鼻。

**花草镜·金**

直径12厘米，重量不详。上有"山东东路铸镜所造"字样。

**洛神菱花带柄镜·元**

　　直径12.6厘米。菱花形制直长柄，本应是四出菱花，但下面的一出变化为桃心状，与上面的一出合为桃心镜样，有隐语"道是无心却有心"。上方为一轮明月，下为海浪纹，海浪中一侍女持华盖，华盖下宓妃亭亭玉立，似有所思，一男童抬头仰望。取材于曹植的《洛神赋》。

**清闲镜·明**

　　背有二人与宝物错落组合，有财为身外之物的含义。

# 后 记

"有勇气在一切公共事物中运用理性"，"在别人停住脚步的时候再多走几步"。这部小书不可能穷尽铜镜，最多是管中窥豹只能看到铜镜的一斑，如果读者能通过这一斑而知全豹，那么拙作或多或少还能给我们带来一丝的欣慰。

本书没有沿着从早期的稀有礼乐化铜镜，到始于东汉精密的微型化铜镜，再到宋以后廉价的平民化铜镜的发展道路，进行叙述，也没有按铜镜的器型、纹饰……的演化进程叙述，甚至于撇开了与铜镜同步发展的镜盒、镜架、镜袋、镜支……而是抓住铜镜与社会，尤其是与社会生产的关系，挖掘存在与意识，科学与艺术，揭示工艺美术是制作的艺术，而非创作的艺术的本质。为此不得不放弃了很多十分重要，但确实又是十分偶然的铜镜事件。比如铜镜曾经作为衡的标准器，这虽然是关系到国计民生的大问题，也是铜镜天大的荣誉，但毕竟不是它的主要功能，甚至不是它的功能。如果是论述度量衡的著作提及此事就该当别论了。由此产生的诸多遗漏，请读者谅解。

感谢铜镜的创造者，感谢铜镜的制造者，感谢铜镜的收藏者，感谢铜镜……

书中一定会有很多错误，希望读者予以批评指正。

在本书筹备出版的过程中，得到了很多同志的帮助，在此一并致谢。

我们用汉镜的一句铭文作为本书的结束，"既虚其中，亦方其外，一尘不染，万物皆备"。